Jörn Kabisch

Mit Herd und Seele

Zu diesem Buch

Jörn Kabisch ist Koch mit Leidenschaft. Wenn andere Menschen Auto oder Rennrad wienern, putzt er Karotten, Artischocken oder Fisch. Ach, schon wieder so ein harter Typ am Grill? Von wegen. Kabisch blickt auf die andere, die weiche Seite des gastrosexuellen Menschen: Vom Glück, ein Risotto zu rühren, oder der Meditation beim Zwiebelschneiden. Aber er glänzt nicht nur als leidenschaftlicher Erzähler, sondern auch mit versierten Küchentipps. Da wird gegen die Knoblauchpresse ausgeteilt, vom Rosenkrieg mit der Polenta berichtet und einer stürmischen Affäre mit Sellerie. Und er räsoniert darüber, was Ekel mit Genuss zu tun hat und warum viele Köche keineswegs immer den Brei verderben.

Der Journalist und Gastro-Kolumnist *Jörn Kabisch* nahm seine erste Mahlzeit 1971 in der Nähe von München zu sich. In Frankfurt am Main und Potsdam studierte er Jura, Philosophie und die Kochgewohnheiten seiner WG-Mitbewohnerinnen. Nach Jahren als politischer Redakteur, zuletzt als stellvertretender Chefredakteur des *Freitag*, wechselte er auch journalistisch an den Herd. Seit 2012 ist er kulinarischer Korrespondent der *taz*.

JÖRN KABISCH

Mit Herd und Seele

Über die Melodie von Crème brûlée,
die perfekte Käsereibe und
das große Glück beim Kochen

PIPER

Mehr über unsere Autoren und Bücher:
www.piper.de

MIX
Papier aus verantwortungsvollen Quellen
FSC® C014496
FSC
www.fsc.org

ISBN 978-3-492-05877-3

Umschlaggestaltung: Cornelia Niere
Umschlagabbildung: Cornelia Niere; Julia Kluge/mintyStock
Satz: Kösel Media GmbH, Krugzell
Gesetzt aus der Whitman
Litho: Lorenz & Zeller, Inning am Ammersee
Druck und Bindung: GGP Media GmbH, Pößneck
Printed in Germany

»Tous égaux devant le fourneau«
(Graffiti an einer Mauer in Perpignan)

Inhalt

Prolog

»Dass du immer alles in den Mund stecken musst.« Diesen Satz höre ich seit frühester Kindheit. Fast jeder Erwachsene um mich herum hat ihn mal gesagt. Mutter, Vater, Tante, Oma, Oma, Opa: »Pfui. Steck doch nicht immer alles in den Mund.«

Aber es ging nicht. Ich habe schon immer versucht, alles zu schmecken und abzulecken, als Kleinkind, als Kind, als Jugendlicher mitten in der Pubertät. Vor allem das Ungenießbare – aber nicht nur das.

Ich ertappe mich noch heute häufiger in der S-Bahn. Ich stehe an den Türen, lehne den Kopf ans Fenster, und auf einmal sind die Lippen am Glas. Als könnte man den Fahrtwind schmecken. Ich war ungefähr fünf, da musste ich mal wieder probieren, wie sich die eisige Stange im Sessellift auf der Zunge anfühlt. Das war immer ein großer Spaß auf der langweiligen Fahrt zum Gipfel. Die Skier und Skischuhe zerrten an den Beinen, der Hintern wurde kalt. Den dicken Mast anzulecken, der oben zu den Drahtseilen führte, war die beste Ablenkung. Man darf die Zunge dabei nur ganz leicht an das Metall halten. Die Kälte ist wie ein Magnet, der die Haut umgehend anfrieren lässt. Spürt man nur einen Hauch von Frost an der Zunge, muss man sie sofort wegziehen. Die Stange ist so kalt, dass sich die Prozedur ständig wiederholen lässt, bis der Ausstieg in Sichtweite kommt, wo schon irgendein Erwachsener steht, der tadelnd sagt: »Dass du immer alles in den Mund stecken musst …«

Manchmal ist das Metall aber zu kalt. Oder man wird übermütig. Und dann hängen die Lippen fest. Hätte es in meiner Kindheit schon Smartphones gegeben, hätte ich heute sicherlich ein verwackeltes Bild von mir im roten Skianzug, auf dem ich völlig verrenkt die Lippen an die Liftstange presse.

Ich fand die festgefrorenen Lippen gar nicht komisch, sondern dachte die ganze Zeit daran, was mich oben am Ausstieg erwartete. Malte mir aus, wie ich Stunden mit dem Lift hoch und runter im Kreis fahren musste. Und zerrte und drückte mit den Lippen an der Stange, versuchte Spucke zu sammeln, hauchte und blies, damit das Metall doch ein bisschen wärmer würde. Zog den Handschuh aus und umfasste die Stange, damit sie etwas auftaute. Das muss doch gehen wie beim Pflaster, dachte ich. Als ich das Gefühl hatte, das Eisen ließ nach, riss ich erst die Oberlippe, dann die Unterlippe vom Rohr. Ich war ein bisschen zu voreilig gewesen – und es brannte höllisch. Ich hinterließ auf dem Sessellift zwei kleine festgefrorene Lippenfetzchen, klappte den Riegel hoch, sprang auf die Skier, und dann war alles wie immer. »Dass du auch immer alles in den Mund stecken musst …«, empfing mich mein Vater kopfschüttelnd.

Der Schreck hielt aber nicht lange an. Mit den Jahren wurde ich vielleicht etwas vorsichtiger. Wissen Sie eigentlich, dass Faber-Castell-Bleistifte völlig anders schmecken als etwa die von Staedtler?

Muss ein Kind, das an Liftstangen leckt, sich auf dem Spielplatz Sandkuchen in den Mund steckt oder mit Boxerhündin Baffi im Körbchen liegt und sich die Hundekekse teilt, nicht zwangsläufig irgendwann ein großer Esser werden? In meinem Fall ja! Ein Geschmacksmensch, der kaum ein Gericht zwei Mal essen will, weil ihm das zu langweilig ist, dem beim Umzug in eine neue Stadt die Aromen in Mund und Nase mindestens genauso wichtig sind wie die neuen Menschen, die er dort trifft. Jemand, der nicht nur den unterschiedlichen Geschmack von Bleistiften entdecken will, sondern auch den von Schrauben, Telefonkabeln und Türknöpfen in Autos.

Doch sosehr ich damals schon das Probieren von Alltagsdingen liebte, war doch der Kontakt mit exotischer Nahrung eher eine Liebe auf den zweiten Biss. Es gab einen großen Unterschied. Man hatte auch zu schlucken. Und so wurde das nächste große Geschmackserlebnis der Horror. Es handelte sich dabei um eine Art von Menschenexperiment, die bestimmt bis zum heutigen Tag in deutschen Kindergärten durchgeführt wird. Es war ein wirklich schöner Frühsommertag, und im Raum *Biene Maja* freuten sich die Erzieherinnen über eine richtig lustige Idee, die uns Kindern eine Abwechslung bieten sollte in dem ewigen Einerlei aus Fangen, Raufen, Bilderbücher zerfetzen und sonstigen Arten von Mensch-ärger-dich.

Die Frauen hatten die Tische in der Mitte zu einer großen Tafel zusammengeschoben und Teller, Platten und Schüsseln voller Obst und Gemüse darauf verteilt. Man erkannte das ganze Trara aber kaum in dem matten, bunten Licht. Denn ein paar Wochen zuvor hatten wir an einem verregneten Frühlingstag die Fenster bis zur Undurchsichtigkeit mit Kühen, Maikäfern, Wolken und Pumuckl-Gesichtern bemalt.

So kam es uns seltsam unwirklich vor, was da auf den Tellern lag: Bläuliche Äpfel und Tomaten, grünstichige Orangen und Mandarinen, braune Bananen, schwarze Gurken, auch die Kohlrabis, Zucchinis und Salate sahen nicht so aus, wie wir sie vielleicht schon mal gesehen hatten. Doch es war nicht das Licht allein, was uns Dreikäsehochs damals die Freude nahm an diesem Berg aus Vitaminen. Ach was, Dreikäsehochs. Eigentlich waren wir alle Dreiwursthochs, ausnahmslos, der Jens und die Julia, der Georg und die Ulrike, die Susi und die Michaela auch, nämlich passionierte Gelbwurstesser. Das kam noch vor weißen Mäusen und Pommes mit Ketchup. Käse? Nein danke! Meine Freunde und ich rissen die Augen und Münder auf, und das Grauen wich auch dann nicht aus unseren Gesichtern, als die Kindergärtnerinnen trällernd erzählten, welche Überraschung sie sich hatten einfallen lassen.

Ich bin mir sicher, heute würden alle Kinder sofort von irgendwelchen Allergien anfangen, Fruchtzuckerunverträglichkeit oder Laktoseintoleranz, das lernt man heute ja gleich, nachdem man Papa sagen kann. Aber wir waren noch eine andere, naive Generation, der diese Art subtilen Widerstands noch unbekannt war.

Ich sah mir also den Berg aus Obst und Gemüse genau an, verfolgte nachlässig die Erklärungen der Kindergärtnerinnen und versuchte, mich für den schlimmsten Moment meines jungen Lebens zu wappnen, sicher noch schlimmer als die Tetanusspritze vor zwei Monaten. Uns sollten die Augen verbunden werden, und eine der Erzieherinnen würde uns irgendeine leckere Frucht in den Mund stecken. Die sollten wir dann essen und erraten. Georg und Ulrike, die alten Heulsusen, hatten schon Tränen in den Augen. Ich dagegen versuchte, die mir bevorstehende Katastrophe in Best- und Worst-Case-Szenarios aufzuteilen. Das kleinste Übel war die Banane, aber danach wurde es schon schwierig.

Ich war gerade in einer Anti-Rot-Phase, das heißt Tomaten, rotbackige Äpfel usw. hatte ich zu

Hause für tabu erklärt. Weil mein Bruder gerade alles, was grün war, bestreikte, kamen eigentlich nur noch Kartoffeln und vielleicht noch Kohlrabi auf den Tisch. Meistens aber die von uns geliebten Schinkennudeln.

Erdbeeren und Tomaten hatte ich immerhin schon mal gegessen, da konnte man das Tabu mal für einen kleinen Bissen brechen. Musste ich ja nicht gleich zu Hause erzählen. Und Gurken, Zucchini und Salat hatte ich auch alle schon mal im Mund gehabt. Würde also auch irgendwie gehen. Aber das, was da oben auf dem Berg thronte, das hatte ich noch nie probiert – und wollte auch heute nicht damit anfangen. »Die Ananas kommt aus dem Regenwald«, hatte Frau Hintermoser gerade erklärt. Ich schüttelte mich.

Doch der Gipfel des Grauens waren die Avocados daneben. Die kannte ich leider auch schon. Ich hatte mal beobachtet, wie irgendein Erwachsener eine schon schwarz angelaufene, also angefaulte Frucht aufgeschnitten und dieses grüne, an den Rändern kackbraune, breiige Zeugs ausgelöffelt hatte. Wie grün angelaufene Mousse au Chocolat. Bei Ananas und Avocado, da war ich mir sicher, konnte ich für nichts garantieren.

Ich hätte nicht so tapfer sein sollen. Georg und Ulrike, die Heulsusen, waren als Erste dran – und Orange und Banane schon mal weg. Dann verband Frau Hintermoser Julia die Augen und schob ihr meinen Favoriten, den Apfelschnitz, in den Mund. Ich kann mich nicht mehr daran erinnern, ob sie herausfand, was sie aß. Ich war als Nächster an der Reihe und hatte nur Angst, weil das giftige Zeug aus dem Regenwald noch nicht verfüttert war. »Ein Stück Gurke, nur etwas Gurke, das schmeckt kaum nach was.« Auf diesen Gedanken konzentrierte ich mich hinter dem Schwarz der Augenbinde. Vielleicht würden so telekinetische Kräfte in mir wach, wie bei *Marvel Girl*, dem Comic, den ich vorhin durchgeblättert hatte.

Ein paar Momente später wusste ich, dass ich nicht als Superheld geboren war. Die Kindergärtnerin sagte »Mund auf« und schob mir etwas auf die Zunge. Ich konzentrierte mich darauf, die Geschmacksknospen abzuschalten. Aber das ging nicht. Ich merkte, wie das Stück Gemüse widerstandslos am Gaumen nachgab, es hatte keinen Biss wie jedes andere Grünzeug, was ich bisher gegessen hatte, das immerzu krachte und knirschte beim Kauen. Nein, es war sogar noch weicher als eine Banane. Und gar nicht süß. Und löste sich sofort in Brei auf und füllte meinen ganzen Mund ölig aus. Mein Kiefer erstarrte. Und Frau Hintermoser fragte noch: »Na, hast du es schon erkannt? Das ist sicher nicht leicht.«

Ich riss mir die Binde von den Augen, pulte mir das Gemüse aus dem Mund, sah auf ein Stück Avocado, leicht zerdrückt, am Rand kackbraun und spuckeglänzend, reichte es wortlos der Kindergärtnerin und drehte mich um. Nur raus hier. Doch der Ekel überwältigte mich noch vor dem Klo.

Drei Wochen später streikte dann meine Mutter: »Es reicht jetzt mit den Schinkennudeln. Ihr könnt euch doch nicht nur von Nudeln und Wurst ernähren.« Und wahrscheinlich hatte ich meine einseitige Diät ebenfalls satt. Ich begann zu kochen. Ich wollte, dass mir nie mehr jemand etwas in den Mund steckte, was ich vorher nicht gesehen, nicht gekostet, nicht nach meinem Geschmack bearbeitet hatte. Mein erstes Gericht waren Spaghetti mit einer Sauce, die ich aus Salamiwürfeln, Ketchup und Kondensmilch in meiner Kinderpfanne blubbernd aufkochte. Mir doch egal, dass meine Brüder nicht verstanden, wie gut das war. Aber bis ich das nächste Mal Avocado aß, sollte es noch zwei Jahrzehnte dauern.

Geniessen

Genießen lernte ich mit Pfannkuchen. Nicht das Karnevalsgebäck, sondern dünn ausgebackene Eierkuchen, solche, die man in Österreich Palatschinken nennt. Pfannkuchen mit Spinat. Ich kann davon heute noch schwärmen. Unsere Tante buk sie für uns: Leicht süßliche, nicht zu braun ausgebratene Fladen, »und bitte ganz dünn, echte Palatschinken«, wie mein Onkel, ein Münchner mit österreichischen Wurzeln, jedes Mal forderte, »am besten zum Durchgucken«.

Uns Kindern war das egal, wir konnten nur Löcher im Pfannkuchen nicht so leiden. Die Teller meiner Tante waren mit einem Muster aus grünem Liguster verziert, darum ein Goldrand. Darauf platzierte sie einen Pfannkuchen und gab einen Klecks Rahmspinat in die Mitte, nur den aus der Tiefkühltruhe, aber mit einem Extraschuss Sahne. Wir verstrichen den Spinat sorgfältig, ließen außen auf dem Pfannkuchen etwas Platz und rollten ihn dann so eng auf, wie es ging, immer bedacht, dass kein Spinat aus den Enden floss.

Das war wie bei dem Spiel, bei dem wir von Gehwegplatte zu Gehwegplatte hüpften und bloß nicht auf die Ritzen kommen durften. Wessen Teller am Ende des Spinatpfannkuchenessens am grünsten war, hatte verloren. Das war der Ü-Ei-Moment an diesem Essen. Es hatte was Spielerisches, wenn wir, noch kaum vertraut mit Messer und Gabel, unsere Pfannkuchen drehten. Anfangs war sogar erlaubt, dabei die Hände zu benutzen. Bis wir auf die Idee kamen, uns mit Spinat zu bewerfen.

Dank unseres Spiels waren die Pfannkuchen-mit-Spinat-Essen immer von einer ruhigen Seligkeit beherrscht. Bis heute bin ich fest davon überzeugt, dass es daran lag, dass das Essen nicht in Schüsseln auf den Tisch kam. Bei uns Jungs führte eine fast leere Schüssel – trotz eines vollen Tellers – zu Futterneid. Wir sprachen nicht, sondern spachtelten das Essen wie junge Hunde in uns rein, nur um als Erster eine zweite Portion zu bekommen.

Ich weiß nicht, wie viele Teller ich in meinem Leben auf diese Art leer gegessen habe, ohne meinen Geschmackssinn einzuschalten. Heute habe ich eine Abneigung dagegen, das Essen in Schüsseln auf den Tisch zu stellen. Ich richte die Teller immer an. Nachschlag gibt es selten, dafür gern eine Vorspeise oder ein Dessert. Bisher ist noch jeder Gast satt geworden. Sogar meine Brüder.

Bei den Pfannkuchen war es sinnlos, schnell zu essen, ganz im Gegenteil. Unsere Tante stand am Herd, bediente zwei Pfannen und verteilte reihum. Wenn man den Fehler machte, seine Rolle zu schnell zu wickeln und zu schlingen, musste man auf den nächsten Pfannkuchen nur umso länger warten. So wurden diese Essen zu meiner ersten Genussschule. Die Pfannkuchenrolle war in fünf Bissen aufgegessen. Weil man sich aber Zeit nahm, entdeckte ich: Jeder Bissen schmeckte anders. Die Enden waren schärfer und bitterer, weil der Spinat dominierte, die Mittelteile süßer und samtiger, weil da mehr vom Pfannkuchen war. Für mich sind die Geschmacksunterschiede bei einem so einfachen Gericht noch heute eine Sensation. Außerdem konnte man erforschen, wie sich der Geschmack veränderte, wenn man viel oder wenig Spinat auf dem Pfannkuchen verstrich. Meine Tante hatte zwar sehr genaue Vorstellungen, wie viel auf den Teller durfte, auch damit der Topf Spinat bis zum Ende reichte. Aber man konnte am Anfang nur eine halbe Kelle verlangen und die Spinatmasse auf dem Teller dann langsam steigern. Da machte sie mit.

Die Pfannkuchenessen waren auch die ersten Essen, bei denen das Essen selbst das Thema am Tisch war. Es fing immer mit der Palatschinkenforderung meines Onkels an. Mit seiner Hilfe wurden wir zu Pfannkuchenexperten. »Die müssen aber ganz dünn sein, zum Durchschauen«, äfften wir ihn nach und hatten bald auch Geschichten über die österreichische Palatschinkenkultur parat und wussten, es bekommt dem Teig, wenn er nicht erst direkt vor dem Backen angesetzt wird, sondern ein bisschen ruhen darf.

Nur eines schafften wir nicht: unsere Tante dazu zu bewegen, die Pfannkuchen in der Luft zu wenden. Theoretisch wussten wir genau, wie das ging, unser Onkel gab sich auch als Meister dieser Disziplin, aber meine Tante hielt ihn immer fern vom Herd. Richtig ernst war es ihm ohnehin nie, eine Probe seines Könnens zu zeigen. So lernte ich erst sehr viel später, Pfannkuchen in der Luft zu wenden, wahrscheinlich in der Küche des Studentenwohnheims.

Spinatpfannkuchen wurden so das erste Gericht, mit dem ich meine eigene Versuchsküche ging.

Wenn ich heute gut essen gehe, und ich meine wirklich sehr, sehr gut, gibt es oft einen Moment, da muss ich wieder an die Teller mit dem goldenen Rand denken, an die hellbraun ausgebackenen Pfannkuchen und den großen Klecks Spinat darauf. Das ist immer dann, wenn ich mit dem Teller vor mir zur Ruhe komme, wenn das Gespräch am Tisch verstummt, wenn ich die verschiedenen Komponenten auf dem Teller zusammen und allein durchprobiert habe und anfange, mir einzelne Kombinationen auf die Gabel zu schieben, in Kleinstmengen.

Ich hasse übrigens Köche, die stapeln. In den 90er-Jahren war das mal sehr angesagt. Wie Burger drapierten die Küchenchefs alles übereinander: Auf Sauce musste Gemüsebett, musste Fleisch, musste wieder Gemüse, musste irgendein Crunch, mussten Sprossen, musste wieder irgendein Sößchen. Bei solchen Arrangements ist der Gast verdammt, immer das Gleiche vom

Teller zu nehmen. Oder in meinem Fall: den Turm des Küchenchefs auseinanderzunehmen.

Ich bin auch als Esser Koch. Ich glaube, jeder Gourmet ist das, auch die, die glaubhaft versichern, am Herd eine absolute Null zu sein.

Es gibt Menschen, die haben am liebsten alle Beilagen säuberlich getrennt und essen den Teller dann im Uhrzeigersinn leer. Das Fleisch heben sie sich als Höhepunkt bis zuletzt auf. Man kann diesen Leuten eine Freude machen, wenn man ihnen das Essen auf Kantinentellern serviert, diesen Tabletts mit Vertiefungen für das Gulasch, die Spätzle, den kleinen Salat und rechts oben den Joghurtbecher. So einer bin ich nicht, aber ich habe Sympathie für diesen Typ Esser.

Ich liebe es, einzelnen Aromen nachzuspüren, die Komponenten auf dem Teller unterschiedlich auf meiner Gabel zu arrangieren. Aus meiner Sicht ist das eine Vorform des Kochens. Wenn ein Chefkoch mich animiert, mit dem, was er auf den Teller gibt, zu spielen, hat er mich schon auf seine Seite gezogen.

Genuss ist meiner Ansicht nach keine passive Tätigkeit, ganz im Gegenteil. Sie ist aktiv, kreativ, sie hat ihre eigene Geschwindigkeit. Mein Genuss beginnt, wenn mir der Koch die Freiheit lässt zu essen, wie ich es will. Alles nacheinander im Uhrzeigersinn oder nachdem ich alles auf dem Teller durcheinandergemanscht habe (mache ich gern ein bis zwei Mal im Jahr mit Tellern, auf denen viele Kartoffeln liegen) – oder nach einem Verfahren irgendwo in der Mitte zwischen diesen Extremen. Die Überlegung, wie ich esse, fördert meine Konzentration darauf, was ich esse. Und ich kann besser fühlen und sagen, wie es mir schmeckt.

Ich glaube, das ist auch ein Grund, warum viele Menschen so gern asiatisch essen gehen. Weil man gezwungen wird, anders zu essen. Es kommen viele Gerichte auf den Tisch, auf die Stäbchen passt nicht so viel wie auf das westliche Besteck. Asiatisch zu essen hat immer mehr von probieren als von schnell satt werden – vor allem, wenn man mit Stäbchen nicht so richtig umgehen kann. Schon allein die Art zu essen ist genussfreundlicher. Wobei das nicht heißt, dass Asiaten nicht spachteln könnten. Aber wie: Man muss nur die Reisschale nahe an den Mund bringen, die Stäbchen dienen dann nur noch dazu, das Essen über den Rand zu schieben, wo es dann von selbst in den Mund fällt. Geht fast noch schneller als mit der Gabel.

Pubertät

An allem ist eigentlich die Lasagne schuld. An dem ersten großen Zerwürfnis mit meiner Mutter, an der Entdeckung meiner Leidenschaft fürs Kochen, an meinem Hinausgehen in die Welt.

Ohne Witz: Der Tag der Lasagne war der erste Tag, an dem ich ernsthaft überlegte, auszureißen und Straßenkind zu werden. Es war auch der erste Tag, an dem sich deutlich zeigte, dass ich das cholerische Gen all der Männer in meiner Familie mütterlicherseits geerbt habe. Nach Jahren können meine Mutter und ich heute darüber lachen. Und es ist gleichzeitig die Geschichte, die ich erzähle, wenn das Gespräch auf gastrosexuelle Männer kommt. Es ist die Geschichte von einem gastrosexuellen Kind.

Was war passiert? Eigentlich nicht viel. Wir hatten ein paar Wochen zuvor Opa und Oma im

Allgäu besucht. Mittags stellte meine Großmutter eine Lasagne auf den Tisch. Goldgelb überbacken, wie weiche Ziegel standen die Stücke auf dem Teller, die Béchamelsauce quoll cremig und mit Schlieren von Rot an den Seiten heraus. Sie hatte nicht gegeizt, nicht mit der Béchamel, nicht mit der Bolognese, nicht mit Käse, Butter und Nudeln. Ich aß vier von den Ziegeln und noch zwei aufgewärmt zum Abendessen. Diese Lasagne war Glück pur.

Und das wollte ich selbst kochen. Kochen, nicht nur essen. Das war das Problem.

Ich hatte mir zum Abschied von meiner Oma das Rezept geben lassen. Zu Hause klemmte ich es unter den Magneten am Kühlschrank, und wochenlang lag ich meiner Mutter mit den Planungen in den Ohren, wann endlich der Tag komme, das große Lasagne-Projekt zu beginnen. Am Dienstag war ich bei den Pfadfindern, am Mittwoch ging ich zur Gitarrenstunde, am Donnerstag war nachmittags auch irgendwas in der Schule. Freitag sollte es sein. Da hatte ich Zeit – und eine Bitte: Dass meine Mutter dafür alles, was auf der Liste meiner Großmutter stand, besorge. »Haben wir Lorbeer?«, fragte ich. »Oregano ist ganz wichtig. Es muss unbedingt Tschianti sein«, sagte ich. »Steht so auf dem Zettel. «

Am Freitag in der Schule konnte ich mich kaum auf den Unterricht konzentrieren. Ich sah die Packungen mit Hackfleisch vor mir, die vielleicht schon im Kühlschrank lagen, überlegte, wie klein ich den Speck würfeln sollte, hatte keine Ahnung, wie ich das mit der Béchamel machen sollte. Milch mit Butter und Mehl 40 Minuten zu kochen – ich wusste schon, das hieß fast garantiert Überkochen und Anbrennen. Eine echte Vorstellung, was mir bevorstand, hatte ich aber nicht. Umso mehr freute ich mich auf das Abenteuer. Kann sein, dass ich hoffte, meine Mutter würde mir ein bisschen zur Seite stehen, wenn es ganz brenzlig werden würde.

Man muss dazusagen, damals war ich zwölf. Höchstens. Und sah aus wie acht. Auch höchstens. Und ganz ehrlich: Wäre ich Vater, ich würde meiner zwölfjährigen Tochter oder meinem Sohn nur mit großen Bauchschmerzen erlauben, so etwas Komplexes zu kochen wie eine Lasagne. Ich sehe tief in die Ceranplatte eingebrannte Milch. Ich sehe Unterarme mit roten Striemen vom unvorsichtigen Griff in den Backofen. Verbrannte und verletzte Finger, einen Küchenfußboden, auf dem sich die Hälfte der Zutaten häuft, die beim Schneiden heruntergefallen sind. Ich sehe weinende Kinderaugen, frühestens beim Zwiebelschneiden.

Vielleicht befürchtete auch meine Mutter solche Szenen. Vielleicht wollte sie mir auch nur einen Gefallen tun. Vielleicht dachte sie auch nur ganz praktisch und wollte, dass was auf den Tisch kam und die Zutaten eines doch recht teuren Einkaufs nicht am Ende im Müll landeten. Ich weiß es bis heute nicht. Ich weiß nur, es war aus Liebe, was sie tat. Natürlich, entschuldige, Mama.

Nach der Schule ging es so schnell nach Hause, wie ich konnte. Beim Klingeln war ich aus der Klasse draußen, trieb mein neues Rennrad zu Bestleistungen an, meine Vorfreude ließ mich Ampeln, Zebrastreifen und Bordsteinkanten noch waghalsiger nehmen als sonst.

Ich kam erhitzt, leicht außer Atem und in Bestzeit zu Hause an. Ich roch es schon, als ich die Tür aufschloss. Dieser leckere Geruch von zerlaufenem Käse, der würzig-tomatige Duft der Bolognese. Selten hatte es im Flur herzhafter und appetitanregender gerochen. Mich überkam der Ekel. Das war mein Duft!

Ich weiß noch, wie mich meine Mutter mit vor

Freude strahlenden Augen ansah, als ich die Küchentür aufmachte, ihr das Gesicht aber sofort einfror. Mehr weiß ich nicht mehr.

Man kann das, was nun passierte, nur so beschreiben: Der kleine Zwölfjährige vergaß sich. Meine Mutter muss damals Mordlust in meinen Augen gesehen haben. Stundenlang hatte sie an der Lasagne gekocht, wahrscheinlich schon gleich nach dem Frühstück mit der Bolognese begonnen, anschließend eine Dreiviertelstunde vor dem Herd verbracht und die Milch in der Mehlschwitze köcheln lassen, genau so, wie es das Rezept der Großmutter verlangte. Und schließlich hatte sie die Lasagne geschichtet und pünktlich in den Ofen gestellt, genau so, dass alles fertig war, wenn ihr Ältester aus der Schule kam.

Was ich sagen kann: Ich verließ nach ein paar Minuten schreiend, heulend, fluchend das Haus und stieg auf mein Rad. Alle Versuche, mich zu beruhigen, erst sanft, dann streng: »Was bildest du dir eigentlich ein, junger Mann?«, halfen nichts.

Können Sie sich vorstellen, dass ein kleiner Junge brüllt: »Du bist nicht mehr meine Mutter?« Wegen einer Lasagne? Ich glaube, genau das habe ich getan.

Und ich war wirklich drauf und dran, auszureißen. Ich radelte in den Wald, schmiss das Rennrad an einen Baum und überließ mich den Tränen. Auch in meiner Erinnerung ist bis heute der Tag der Lasagne der erste Tag in meinem Leben, in dem ich mir richtig einsam und allein vorkam. Als ich ein paar Jahre später auf Jean-Paul Sartre stieß, auf seine Theorie vom Hineingeworfenwerden ins Sein, erlebte ich beim Lesen immer wieder diesen einen Nachmittag.

Ich fühlte mich bis zum Anschlag unverstanden. Als Mensch unter höchstens menschähnlichen Wesen. Dann kam die Wut. Es war nicht so, als hätte meine Mutter mich, ohne zu fragen, vom Hockeyverein abgemeldet, aus Versehen die Gitarre kaputtgemacht oder meine *Asterix*-Sammlung angefasst. (Dass mein Vater es schaffte, jeden *Asterix* vor mir zu lesen, auch wenn ich den Band selbst im Supermarkt erstanden hatte, daran war ich längst gewöhnt.) Nein, stellen Sie sich vor, die Mutter hätte Ihnen die Geliebte ausgespannt. Die Lasagne, die war in diesen Wochen, an diesem Tag das einzige Objekt meiner Begierde. Und zwar, verdammt noch mal, sie selbst zu machen.

Irgendwann entschloss ich mich, mein Zuhause doch nicht aufzugeben. Vielleicht ging mir auf: Alles nur wegen einer Lasagne? Das war doch etwas zu läppisch. Es würde im Leben vielleicht noch Situationen geben, die es mehr wert waren, alle Bande zu meiner Familie zu kappen. Aber meine Mutter sagt, ich hätte, als ich heimkam, Tage nicht mit ihr geredet. Ich weiß nicht, ob sie sich entschuldigte oder irgendeinen anderen Versuch unternahm, damit wir uns aussprachen. Ich war dafür nicht offen. Der Genuss meiner Lasagne war mir verdorben. Das Ding, was meine Mutter in den Ofen gesteckt hatte, genossen meine Brüder. Ich genoss das Schmollen.

Wir müssen uns aber wieder vertragen haben. Eine Woche später kaufte meine Mutter wieder alle Zutaten, und ich durfte kochen. Ich weiß nicht mehr, wie. Es kann sein, dass ich meine Mutter sogar gebeten habe, die Béchamel zu rühren, eventuell. Die Lasagne gelang, fast so wie bei meiner Großmutter, ganz sicher im Geschmack, vielleicht etwas weniger im Stand, was an der Béchamel gelegen haben könnte. Es begann eine Zeit, in der ich immer mal wieder verkündete »Am Freitag mach ich Lasagne« und Stunden in der Küche verbrachte.

Heute koche ich Lasagne nicht mehr so oft, nur alle paar Jahre einmal, wenn viele Gäste kommen – und Kinder, denen ich zutraue, dass sie mich nach dem Essen nach dem Rezept bitten könnten. Die wichtigste Zutat, das klingt jetzt etwas kitschig nach dieser Geschichte, ist Liebe. Liebe zu diesem Gericht und seiner Herstellung.

Lasagne zuzubereiten dauert. Bei mir einen ganzen Nachmittag. Ich lasse mir viel Zeit. Dann kann die Sauce bolognese über zwei Stunden schmoren und die Béchamelsauce mindestens eine halbe Stunde eindicken, dann verliert sich der muffig-mehlige Geschmack darin. Und sie verfestigt sich im Ofen auch nicht mehr zu Fugenkitt, der aus der Lasagne einen Bauklotz macht. Ich werde noch an anderer Stelle auf die Zutat Zeit zu sprechen kommen, aber die Lasagne ist ein Beispiel dafür, wie wichtig sie ist.

Lässt man sich Zeit, verzeiht das Gericht am Ende vieles: Zu viel Salz in der Bolognese, zu wenig Fleisch, ja sogar fast, als es mein Freund Christian zu gut mit dem Muskat meinte und fast eine ganze Nuss in die Béchamelsauce rieb. Aber sonst: Ob Thymian, Oregano, Rosmarin, Lorbeerblätter, Anchovis, Speck oder sogar Hühnerleber – alles nur immer rein damit. Und nicht zu geizig dabei sein.

Bei der Bolognesesauce im Topf verbindet sich, wie später im Ofen, alles zu einem ganz harmonischen Vielerlei. Die Lasagne wird zu ihrer eigenen Köchin. Ich achte nur auf eines: Die Bolognese nicht zu flüssig zu machen, deshalb auch die lange Kochzeit. Zu matschige Lasagne mag ich auch nicht gern. Ebenso verzichtbar ist für mich der noch halb durchgefrorene Block aus Fertigbéchamel und Gehacktem beim Italiener nebenan. Meist versteckt sich die Lasagne dort auf einer vielseitigen Karte ganz hinten bei den Nudelgerichten, zusammen mit Canneloni al forno und versehen mit den Nummern 67 oder 68. Die Botschaft ist klar: Haben wir in der Karte, aber wer das bestellt, ist beim Koch ebenfalls die Nummer 67 oder 68.

Die Zeit, die es braucht, um Sauce, Nudeln, Bechamel, wieder Sauce, Nudeln, Bechamel und am Ende Käse zu schichten, unterschätze ich übrigens bis heute. Und dann muss der Auflauf noch eine Dreiviertelstunde in den Ofen. Aber gibt es etwas Schöneres für Gäste, als eine Lasagne im Ofen zu beobachten, auf der langsam der Käse schmilzt, während ihr Duft von dem langen Kochnachmittag schon überall in der Wohnung liegt?

Und wenn der Auflauf dann auf den Tellern verteilt ist, lege ich jedes Mal eine Gedenksekunde ein – und muss danach aufpassen, dass ich nicht anfange zu essen wie ein Zwölfjähriger.

Ekel

Bei meinem ersten Risotto hätte ich beinahe gekotzt. Zu meinen Lieblingsgerichten als Kind gehörte Reis, gemischt mit Ketchup. Und eines Tages kam ich auf die Idee, geriebenen Parmesan darunterzumischen.

Auf die Idee, Parmesan selbst zu reiben, kam man in den 80er-Jahren in Deutschland noch nicht. Wahrscheinlich war sogar weitgehend unbekannt, dass es sich dabei um Hartkäse handelte. »Parmesan« war ein hellgelbes, staubiges Pulver in einem Plastiktütchen oder einer Dose. Man streute es in einem kleinen Berg über die Spaghetti bolognese, am besten genau so, wie es noch heute in Skihütten über den Tresen gereicht wird, als weißgelber Gipfel. Ich liebte dieses Pulver. Ich löffelte es über die Pommes, aufs Butterbrot, tauchte die Bratwurst hinein. Es war ein Geschenk für einen Zehnjährigen, der von morgens bis abends eigentlich nur Schinkennudeln essen wollte. Und der, wenn es was anderes gab, eben die Dose Parmesan aus dem Kühlschrank nahm. Das hatte einen weiteren Vorteil. Meine Brüder verließen, spätestens wenn ich die Dose öffnete, mit ihren Tellern die Küche. Sie fanden unerklärlicherweise, das Zeug rieche wie ausgespuckt.

Parmesanpulver war eine Zeit lang mein Maggi – ein hervorragender Geschmacksgleichrichter. Und weil er alles so ungefährlich schmecken ließ, begann ich damit zu experimentieren. Und kam eines Mittags auf die Idee, Reis vom Vorabend in die Mikrowelle zu stellen, dann mit Ketchup zu mischen und die typische Käsehaube draufzugeben.

Es wurde der erste große Flop meines Kochens. Als ich den Käse unter den heißen Reis gemischt hatte und probierte, wusste ich, was meine Brüder meinten. Das Zeug dampfte schwer nach Erbrochenem. Aber aufhören wollte ich nicht, mischte weiter und weiter Ketchup und Parmesan unter den Reis, bis die ganze Pampe schwamm, und probierte immer wieder verzweifelt. Dann war die Käsedose leer. Nichts hatte geholfen, alles war nur noch schlimmer geworden, der süßlich-saure Geschmack, vermischt mit Mistnoten, ging nicht mehr weg. Als ich nach einer weiteren Gabel wirklich würgen musste, wanderte alles in den Abfall. Ich hoffte, niemand hatte etwas von meinem peinlichen Experiment mitbekommen, ich überging auch die Frage meiner Mutter, wie denn eine ganze Flasche Ketchup und der Parmesan verschwinden konnten. Und ich schwor mir, Reis mit Käse – nie wieder.

Es gab ohnehin nicht viel, was ich in dieser Zeit essen wollte. Schinkennudeln, Kalbsgeschnetzeltes, Ravioli aus der Dose, dieses Dreierlei bestimmte meine Ernährung von damals. Mein Vater bereitete an den Wochenenden ab und an Schweinefleisch süßsauer zu – ein Rezept aus den *Time-Life*-Kochbüchern, die Ende der 70er-Jahre auftauchten. Wir Kinder zwangen ihn, die in Bierteig frittierten Schweinewürfel extra auf den Tisch zu bringen. Das Gemüse – Paprika, Karotten und Dosenananas –, das mit einer süßen Essig-Sago-Mischung gebunden wurde, musste so weit wie möglich entfernt stehen. Wir drei Jungen aßen frittiertes Schweinefleisch und mischten Ketchup unter den Reis.

Besonders groß war der Ekel, wenn meine Mutter Zunge machte. Die Fleischscheiben schwammen in einer dickflüssigen weißen Sauce mit Kapern. Ich aß Kartoffeln mit Sauce, verbrachte aber die meiste Zeit damit, erst die kleinen grünen Kügelchen aus der Tunke zu fischen und am Tellerrand aufzureihen. Die Idee, Leber zu machen, hatte meine Mutter auch ein paarmal. Aber es kann einem schnell der Hunger vergehen, wenn drei kleine Jungen einen ganzen Nachmittag in Erwartung des Schlimmsten Würgegeräusche von sich geben.

Wir Brüder steigerten uns in dieser Zeit in unseren Ekel nicht nur hinein, wir kultivierten ihn. Ein Spiel sehr auf Kosten der Eltern. Es reichte nicht, dass jeder Einzelne bestimmte Gerichte nicht mochte, wir forderten auch gegenseitige Solidarität für unsere Abneigungen ein. Deswegen verließen meine Brüder angeekelt die Küche, wenn ich die Parmesandose auf den Tisch stellte. Und ich weigerte mich, am Frühstückstisch zu sitzen, wenn einer von ihnen Nutella auf das heiße Toastbrot strich, auf dem schon eine fette Schicht Butter schwamm. Wie die Haselnusscreme schmolz, mit der Butter schlierte und vom Brot tropfte. Das war mir zu viel.

Der Tiefpunkt unseres kindlichen Ringens um den guten Geschmack ereignete sich mit einem

Becher Milchreis, die Lieblings-Zwischendurch-Mahlzeit meines Nutella-Bruders. Ich lief ihm so lange hinterher und erzählte ihm, wie übel das Zeug sei, bis ihn der Jähzorn packte. Für solche Ausbrüche war er damals berüchtigt. »Hier hast du deinen scheiß Milchreis«, schrie er mit hochrotem Kopf und warf den Becher nach mir. Ich konnte noch ausweichen, das Gefäß prallte gegen die Wand. Der Inhalt, wegen des Zimts hellbraun und ziemlich flüssig, spritzte durchs ganze Zimmer, traf mich, was in mir eine leichte Woge Ekel auslöste, und leider auch den Lampenschirm über dem Esstisch. Ich weiß das, weil ich noch Jahrzehnte später meinen festen Platz am Esstisch genau unter dem Fleck auf der beigen Schirmseide hatte. Und fast jedes Mal, wenn ich mich hinsetzte, wurde ich an den Milchreiskampf erinnert: Eine kleine nierenförmige Farbveränderung, kaum dunkler als der Stoff drum herum, nur an den Rändern etwas konkreter. Nicht nur ich kannte ihn, sicher einmal im Jahr kam in der Familie das Gespräch auf »den Fleck«. Irgendwann tauschte meine Mutter die Lampe dann aus.

Sie hatte an dem Tag genug. So streng und herrisch habe ich sie selten erlebt. Und sie kannte auch sofort den Schuldigen, trotz all meiner Ausflüchte. Der Tag des Milchreises wurde zu dem Tag, ab dem unsere Essenseigenheiten immer weniger geduldet wurden. Und das war gut so. Nur zu Besuch bei Verwandten kamen wir damit noch durch. Fette Weihnachtsgans, Karpfen, Kohlrouladen oder Leipziger Allerlei, wenn ich an solche Gerichte denke, höre ich heute noch eine meiner Tanten sagen: »Du musst wenigstens einmal probieren.« Hallo, ich wusste genau, wie das Zeug schmecken würde. Genauso, wie es roch.

Heute bin ich froh um den übergroßen Ekel meiner Kindheit. Ohne ihn würde ich nicht so gerne essen und kochen. Denn bis heute bedeutet Genuss für mich auch Überwindung des Ekels. Und ich glaube, nur weil ich meine Abscheu über viele Jahre so genau untersuchte, kategorisierte und kultivierte, konnte ich irgendwann einmal damit beginnen, sie zu beherrschen. Das ist eine wirklich wichtige Motivation zu kochen. Denn vielleicht lag es auch an dem Avocado-Erlebnis: Ekel hat eigenartigerweise auch etwas Angenehmes.

Und das gilt für fast alle Menschen. Das beste Beispiel dafür ist Käse. Ein eigenartiges, sehr ambivalentes Lebensmittel. Denn Käse enthält auf der einen Seite große Mengen an natürlichem Glutamat, ein Stoff, für den wir auf der Zunge neben sauer, scharf, süß, bitter und salzig einen eigenen Geschmackssinn besitzen. Er meldet ins Hirn, dass etwas besonders herzhaft schmeckt, oder »umami«, wie Ernährungswissenschaftler sagen. Glutamat ist neben Zucker auch in Muttermilch in hoher Konzentration enthalten. Es ist eine Aminosäure, die wir für die Hirntätigkeit unbedingt brauchen. Ein Säugling, der mit massenhaften Außenreizen konfrontiert ist, mit denen das Hirn fertigwerden muss wie später nie mehr im Leben, muss danach praktisch gieren und wie ein Ertrinkender reagieren, wenn seine Zunge Glutamat schmeckt. So erkläre ich mir die große Vorliebe des menschlichen Organismus für umami. Glutamat kommt nicht nur in Käse vor, auch in Tomaten, in Schokolade und anderen fermentierten Lebensmitteln wie Sojasauce, aber auch Sauerkraut.

Glutamat ist die eine Seite, die andere ist: Käse schmeckt nach Scheiße. Ich sage das ganz neutral. Aber auf die ein oder andere Weise stimmt das bei jedem Käse. Ein Hauch von Kuhstall ist immer drin, manchmal eher mild-süßlich wie bei vielen Weich- und Frischkäsen, oder rassig und aufdringlich, jede Verpackung durchdringend, bei Blauschimmelkäse wie Gorgonzola, oder bei Roquefort sogar beißend scharf. Es gibt Anthropologen, die unsere Vorliebe für Käse mit der Analphase in unserer Kindheit erklären. Ein Biss in ein Käsebrot ist für sie ein kleiner retardierender Ausflug in eine Zeit, in der Kot für Kinder so faszinierend ist, dass sie sich ihre Scheiße in den Mund stecken oder die Wände um ihren Krabbelstall damit beschmieren. Es ist meist auch das erste Mal, in dem wir von unseren Eltern echten Abscheu vorgeführt bekommen und anfangen, Ekel zu lernen.

Käse, zugleich herzhaft wie leicht nach Fäkalien duftend, ist also eigentlich immer eine Herausforderung, die eigene Ekelschwelle zu übertreten und auszuweiten. Vor allem ein Käse, den wir noch nicht kennen. Schmeckt er zu stark, brennt er am Gaumen? Oder ist er vielleicht sogar zu mild und deshalb gar kein Abenteuer? Ist es nicht so, dass ein Stück kräftiger Käse, der aber das Ekelgefühl gerade noch nicht auslöst, uns meist am besten schmeckt? Genuss ist eine geschmackliche Gratwanderung, eine Annäherung an die Grenzen des eigenen Geschmacks. Als ich das erkannte, konnte ich auch mit meinem Ekel zurechtkommen. Ich musste dagegen ankochen. Meinen Ekel konnte ich nur allein besiegen. Anders ging es nicht, mich kontrolliert an die Grenzen meines Geschmacks zu wagen und diese auszuweiten. Schmeckt nicht, gibt's nicht – nach diesem Motto begann ich irgendwann zu kochen, experimentierte immer mehr mit dem, was ich noch vor Jahren pfui gefunden hatte, gab es erst in homöopathischen Dosen und dann immer freigiebiger an mein Essen.

Und ziemlich bald nahm ich es auch wieder mit dem Risotto auf. Ich hatte erst keine Wahl. Mir wurde einfach eines in einem Friaul-Urlaub vorgesetzt – ein sehr untypischer Vertreter dieses Gerichts, deftig, herzhaft, ziemlich rustikal. Für dieses Risotto, bei mir heißt es Friaul-Risotto, braucht man neben den üblichen Zutaten, also Reis, Brühe und Parmesan, Salsiccia, die italienische grobe Bratwurst, Fenchel, Radicchio, Tomatenmark und Rotwein. Bevor es an den Herd geht, muss man noch Gemüse schneiden, pro Person eine dünn gehackte halbe Zwiebel, eine Knoblauchzehe, ebenfalls gehackt, und nach Belieben Karotte und Stangensellerie, auf gleiche Größe gebracht. Sie bilden das Soffritto, das Gemüse wird dafür im Topf glasig angebraten. Vorher aber schäle ich noch die Wurstfülle aus den Salsicce und hacke sie, damit sie im Risotto zu kleinen Stücken zerfallen kann. Der Fenchel wird grob in Ringe geschnitten, der Radicchio in feine Streifen.

Die Wurststückchen werden in einem flachen Topf scharf angebraten, dann kommt der Fenchel dazu und die Soffritto-Zutaten, die nun keine Bräune mehr entwickeln sollen. Wenn die Gemüsewürfel glasig werden, kommt der Risottoreis in den Topf. Es ist wichtig, dass er für einige Zeit trocken erhitzt wird. Doch er soll nicht braun werden. Das löst die Stärke im Korn, das Risotto wird so am Ende cremiger. Ich brauche dafür etwa zwei Minuten.

Nun kommt, und das ist die erste Abweichung, etwas Tomatenmark dazu. Ich verzichte darauf heute ganz, aber damals, beim ersten Mal, als ich entdeckte, es kann noch klappen mit mir und dem Risotto, kam sogar ein ziemlich langer Strang aus der Tube mit in den Topf. Das Mark wird unter den Reis gerührt und bildet auf dem Topfboden süße Röstaromen. Dann – das ist die zweite Besonderheit – mit einem Glas nicht zu herbem, tanninhaltigem Rotwein ab. Ich messe Reis und Flüssigkeit beim Risotto-Machen immer mit einem Gefäß: ein Glas Reis, ein Glas Wein, drei Glas Brühe. Funktioniert immer.

Nun kommt die Rührphase. Ist der Wein fast verkocht und beginnt der Reis leicht anzuliegen, mischt man in kleinen Mengen heiße Hühnerbrühe in das, was nun schon sehr nach Risotto aussieht – in diesem Fall ein blauroter Reisbrei. Er wird in den nächsten etwa 18 Minuten immer heller.

Aber man sollte sich nicht nach der Zeit richten, sondern nach dem Biss. Auch für den Risotto gilt das italienische Al-dente-Prinzip. Im Kern sollten die Reiskörner am Ende noch einen leichten Knack haben, das Risotto darf aber noch nicht zu stark eingedickt sein. Kann sein, dass ich für diese Konsistenz am Ende statt Brühe sogar noch etwas Wasser brauche, aber das macht dem Gericht gar nichts.

Jetzt kommt der letzte Schliff. Kurz vor dem Servieren kommen die Radicchiostreifen, geriebener Parmesan und ein Stück Butter in den Topf. Der Salat soll so eben seine Struktur aufgeben und leicht braun werden. Wird er länger gekocht, kann das Gericht ziemlich bitter werden. Beim Käse kann man ganz nach Gusto verfahren. Das

Friaul-Risotto, das ist das Geheimnis dieses speziellen Gerichts, verträgt Unmengen davon, ohne dass der Käse hervorsticht.

Ja, wo ist denn der Parmesan? Die Frage kam mir sofort in den Sinn, als ich das erste Mal Friaul-Risotto vor mir auf dem Teller hatte. Er war fast vollständig verborgen hinter der Mischung aus schweinerner Bratwurst, Fenchelaromen, Rotwein, fruchtigem Tomatenmark und den Bitternoten der Salsiccia. Eigentlich diente er nur dazu, dem Risotto den richtigen Schlonz zu geben. Es war das ideale Gericht, um nun anzufangen, was ich bei meiner Ketchup-Reis-Parmesan-Pampe falsch gemacht hatte: den Käse zu dosieren, kurz vor der Ekelgrenze damit aufzuhören.

Ich liebe heute Risotto, und das friulanische Rezept hat mich über die ersten Jahre vom Einsteiger zum Profi für dieses Gericht gemacht. Ich habe es in allen Nuancen erkundet. Viel mehr als auf Parmesan lege ich heute Wert auf die Brühe. Anfangs verwendete ich noch Instantwürfel dafür, am liebsten war mir »Brodo ai porcini«, mit Steinpilzen, die ich in Unmengen von Italienurlauben nach Hause brachte. Körnerbrühe kommt mir heute nur noch in Notlagen in den

Topf. Ich koche regelmäßig Hühnerfond und friere ihn portionsweise ein, in den Herbst- und Wintermonaten findet der Suppentag alle sechs Wochen statt, weil es mindestens einmal die Woche Risotto gibt, öfter als Nudeln.

Kopieren geht über Studieren

Arthur seufzt. Wir sind auf ein Glas Wein verabredet, wir haben uns lange nicht gesehen. Aber ich konnte nicht anders. Ich war am Abend zuvor essen. Vor allem ein Gericht hatte es mir angetan, grandios: Saiblingsfilet, heiß geräuchert. Es lag auf einem dahingeschmierten Streifen von Rote-Bete-Mus, ach, was sage ich, Rote Bete, es war da noch viel mehr drin. Dazu lagen kleine Buchweizen-Blinis auf dem Teller, in sich schon ein Kunstwerk.

Die Wohnungstür ist kaum offen, da sage ich schon: »Du, ich muss dir unbedingt was vorführen.« Mein Freund weiß, was ihn erwartet. »Du warst in einem neuen Lokal«, sagt er, seufzt etwas zu laut, geht zur Schublade mit dem Korkenzieher, ignoriert die vollen Einkaufstüten auf dem Tresen und greift nach der Flasche Merlot, die auf dem Tisch steht. »Aber du hast sicher schon was vorbereitet.«

Der Seufzer ist ein Ritual, wir beide kennen uns so lange, jeder weiß, was er nun zu tun hat. Und ich bin dankbar, dass Arthur heute in Laune ist, seine Rolle zu spielen. Sie besteht aus Dasein, nicht stören, eine erratische Unterhaltung füttern – und am Ende kritisch lobend essen. Es ist Suchtbegleitung, so passiv wie möglich, so aktiv wie nötig.

Ein Freundschaftsdienst, den ich ihm jedes Mal hoch anrechne, denn Arthur ist wie ich ein Mensch, der anderen beim Kochen kaum zusehen kann. »Weißt du, ich sitze hier wie dein Kühlschrank«, sagte er einmal, ich kochte inzwischen schon über eine Stunde und hatte eben leise geflucht, weil kein Thymian da war. Seine Erzählung, er hatte am Tag zuvor ein schwieriges Einstellungsgespräch gehabt, war nur noch ein leises Echo in meinem Kopf. Als ich meine Rosmarin-oder-doch-lieber-Oregano-Überlegungen beendet hatte und aufschaute, war er verschwunden. Ich fand ihn im Hausflur, er hatte sich zum Telefonieren auf eine Stufe gesetzt. Seitdem bemühe ich mich, mit ihm im Gespräch zu bleiben, wenn ich koche. Er weiß, dass ich manchmal erst antworte, wenn er schon fast vergessen hat, was er eben sagte.

Aber zum Saibling. Ich male meinem Freund alles aus, was gestern auf dem Teller lag. Zum Beispiel das Rote-Bete-Mus, natürlich gar nicht erdig, ganz sicher war Orange mit dabei und eine feine rauchige Schärfe. »Die Küche wird die Rote Bete im Ofen gebacken haben«, sage ich. Oder sie haben mit geräucherter Chili gearbeitet, überlegt Arthur. Auch eine Idee. Aber die Beten liegen schon seit fast einer Stunde im Ofen, und in der Küche macht sich der Duft von verbrannter Schale und dunklem Rübensaft breit. Genau was ich in der Paste geschmeckt habe.

Während ich die Rote Beten aus der Alufolie befreie, sie dampfen wie E-Zigaretten, erzähle ich Arthur weiter. Von den kleinen Buchweizen-Blinis, die nicht aus Mehl angerührt waren. Der Koch hat den Buchweizen wie ein Risotto gekocht, kleine Kreise gestochen und sie dann frittiert. Der geräucherte Fisch war noch saftig, die Haut gleichzeitig kross, sie knackte leicht im Mund.

Arthur gießt sich noch ein zweites Glas ein. Die Suchtbegleitung beginnt.

Es gibt einen ganz großen Unterschied zwischen Arthur und mir: Er ist Kochbuchadept, ich bin Raubkopierer. Mein Freund besitzt Hunderte Rezeptsammlungen, aus den meisten hat er mindestens eines gekocht, und monatlich kommen neue Werke hinzu. Wenn mich Arthur mit dem Satz »Du, ich muss dir unbedingt was zeigen« an der Wohnungstür empfängt, dann hat er ein neues Buch entdeckt, getestet und sich nun eine der schwierigsten Anleitungen rausgesucht.

Arthur vertraut der Schrift, ich setze auf Intuition, er sieht Kochen manchmal wie Wissenschaft, ich als Kunstform, er hat einen durchaus normativen Zugang zu Rezepten, ich einen liberalen. Deshalb ergänzen wir uns. Natürlich besitze ich auch Kochbücher, aber erstens sehr viel weniger, und zweitens lege ich sie gern mal weg, wenn es ans Kochen geht. Um den Kopf frei zu haben. Arthur kann das zum Rasen bringen.

Es ist einfach so. Ich kann nicht anders. Ich habe Kochen erst so richtig begonnen, weil ich irgendwo etwas extrem Köstliches gegessen habe und nicht abwarten konnte, bis ich wieder an diesen Fleischtopf durfte. Es gibt so betrachtet unzählige Lasagne-Erlebnisse in meinem Leben. Mein Weg ist da anders als der von Arthur. Vor ein paar Jahren etwa habe ich fantastische Paella gegessen, nach vielen Malen, bei denen ich die spanische Reispfanne eher na ja fand. Ich stürzte mich ins Studium, suchte im Internet nach den besten Rezepten und probierte sie aus. Aber das, was ich den Clou fand, diese tolle Kruste am Boden der Pfanne, ganz ähnlich wie beim koreanischen Bibimbap: wie man die hinbekommt, wurde nirgendwo beschrieben.

Arthur hatte natürlich ein ganzes Buch zur Paella. Und klar war die Crosta darin Thema. Aber eine Anleitung bekamen wir nicht. Wir stritten uns sogar. Denn nach Lektüre der meisten Rezepte bin ich der Meinung, die Paella ist im Wesentlichen ein Gericht, um einen Überschuss an Olivenöl zu verbrauchen. 50 bis 100 ml Öl werden da für eine mittelgroße Pfanne verlangt. Da baden Reis und Gemüse drin, frittieren fast, bis Sherry und Brühe dazukommen. Verwendet man für die Paella auch noch Hühnerkeulen oder Chorizo, schmilzt noch extra Fett in den Reis hinein. Heraus kommt dann diese extrem schwere, manchmal fast ranzige Reispfanne, die nach

Sherry pur oder noch härteren Sachen ruft, wenn man die Gabel weglegt.

Dass ich mich so einfach gegen die überwiegende Meinung in der Literatur stelle und weniger Öl nehme, fand Arthur nicht in Ordnung. Er war sicher, es musste einen nachvollziehbaren Grund für den hohen Öl-Einsatz geben. Wahrscheinlich ist er heute noch auf der Suche danach. Ich koche die Paella, die mir schmeckt.

Für mich hat jedes Gericht eine bestimmte Seele, und meine Aufgabe ist es, sie zu erschaffen. Seele ist vielleicht nicht ganz der richtige Begriff, Charakter könnte man auch sagen, aber dieses Wort ist mir auch schon wieder zu wenig lebendig. Viele Köche wissen, was gemeint ist, wenn ein fades Schnitzel als schon »drei Mal tot gekocht« bezeichnet wird. Im Standardfall war es tiefgefroren, wurde zu schnell in der Mikrowelle aufgetaut, sodass es schon zu Garen begonnen hat, und hat dann viel zu lange in der Pfanne gelegen. Es hat jedes Leben ausgehaucht, seine Seele verloren. Ich nenne solche Schnitzel lieber »Brotkruste mit Fleischeinlage« und die Paellas, die ich nicht mag, »Ölschwämme«.

Und klar, es gibt Kochbuchautoren, die das genauso sehen wie ich. Die beschreiben, worauf es ihnen bei einem Gericht ankommt, oder erzählen, wie sie genau auf dieses Rezept gekommen sind, was sie beim ersten Essen angemacht hat. Aber Rezepte müssen heutzutage meist so kurz gefasst sein, dass dafür kaum Platz bleibt, genau die Seele zu beschreiben und wie man sie erzeugt.

Da bin ich mir sogar mit Arthur einig. Bleiben wir bei der Paella. Ihr Geheimnis ist die Kruste, die am Ende auf dem Pfannenboden entstehen soll. Der Reis soll verkochen, verkleben und braun werden, sodass fast kleine Plattenstücke brechen, wenn man den Pfannenheber darunterschiebt. Ich habe schon Paellas gesehen, da wurden so große Pfannen verwendet, dass fast ein Pfannkuchen aus Reis entstand. Alles war Crosta. Ich mag aber den Kontrast aus den fast verkochten Reiskörnern, die am Pfannenboden anliegen, und dem Reis an der Oberfläche der Paella, der aufgedunsen, aber im besten Fall noch al dente ist. Das ist der Grund, warum man die Paella ab einem bestimmten Zeitpunkt niemals, niemals umrühren soll. Sonst kocht man sie – um beim Wort zu bleiben – tot. Die schönen Unterschiede in den Garstufen des Reises, das ist die Seele dieses Gerichts.

Eine richtige Crosta hinzubekommen hat mich viele Versuche gekostet. Das Problem ist: Man kann den Reis nicht anheben und druntersehen. Man hat nur einen Versuch frei. Ich habe gelernt, je mehr Öl im Spiel ist, umso geduldiger erträgt der Reis Hitze, ohne gleich anzubrennen (hier hast du deinen Grund, Arthur). Und ich habe mich lange gefragt, warum ich in den Kochbüchern so wenig Hinweise finden konnte, wie sich die perfekte Crosta herstellen lässt. Dann fiel mir irgendwann auf, dass die Paellapfanne klassisch über einem Holzfeuer sitzt. Ein paar Filme auf YouTube waren eine große Hilfe. Die Köche schüren das Feuer nicht, sondern sie lassen das Holz unter der Pfanne abbrennen. Wird die Paella aufgesetzt, lodert das Holz noch leicht, am Ende ist die Glut zu einer dünnen Schicht weit unter der Pfanne zusammengeschrumpft. Ich nahm mir einen Nachmittag, um die Paella genau so zuzubereiten, fachte im Garten ein Feuer an, improvisierte mit Ziegeln ein Dreibein und setzte die Paellapfanne, die ein bisschen so aussieht wie der Schild von *Captain America*, in dem Moment auf, als die Flammen das ganze Holz erfasst hatten und ich das Gefühl hatte, das Feuer sei bereits am Abbrennen. Und tatsächlich: Nach 20 Minuten lag nur noch ein Häufchen Glut unter der Pfanne. Das Ergebnis: Nicht nur eine goldgelbe Crosta, der Reis hatte auch den Rauch aus dem Feuer mit eingesogen. Ich war von dem Ergebnis so begeistert, ich fühlte mich wie Captain Paella. Ich bin sicher, hätte mich Arthur an dem Nachmittag angerufen, ich hätte ihn überzeugt, eine Paella dürfe auf gar nichts anderem als offenem Feuer zubereitet werden.

So musste ich aber meine perfekte Paella für ihn in meiner Küche zubereiten. Ein Haushaltsherd ist nicht dafür gebaut, ein abbrennendes Feuer und eine Hitze zu imitieren, die erst ganz unvermittelt und dann immer indirekter auf den Pfannenboden trifft. Man kann natürlich mit den Knöpfen spielen und die Kochplatte im Lauf des Kochens hoch- und runterschalten. Wenn man einen Gas- oder Induktionsherd hat, funktioniert das schon ganz gut, eine normale Kochplatte ist meiner Ansicht nach nicht reaktionsschnell genug.

Seit meinem Paellaexperiment im Garten kann ich auch verstehen, warum keiner der von mir konsultierten Kochbuchautoren auch nur ein Wort zur Herstellung der Crosta verloren hat.

Wie soll man schließlich ein solches Spiel mit den Herdstufen 5 bis 9 in ein Rezept gießen?

Am Ende bin ich mit der Paellapfanne in den Ofen gewandert, bei meinem hat es sich als das beste Verfahren herausgestellt. Ich heize den Ofen auf der höchsten Stufe vor, ungefähr dann, wenn ich die Pfanne auf die Kochplatte stelle. Der Ofen hat nun etwa 20 Minuten Zeit, um brüllend heiß zu werden.

Oben in der Pfanne köchelt währenddessen der Reis. Als Erstes tauchen die Reiskörner aus der Flüssigkeit auf, die wird langsam dicker und dicker, legt sich irgendwann in schlierigen Schlingen um die Reiskörner und all die anderen klein gewürfelten Zutaten. Und wenn man sich konzentriert, hört man noch ein feines Säuseln, ein leichtes Simmern, weil die Flüssigkeit noch nicht ganz verdampft ist. Jetzt kommt die Paella auf meine Ersatzglut. Ich stelle sie auf der unteren Schiene ins Backrohr, das nun dem Thermometer nach weit über 200 Grad erreicht hat. Und dann schalte ich den Ofen ab. Wie die abnehmende, nur noch indirekte Hitze über der Glut des Holzfeuers kühlt das Ofeninnere nun langsam ab. Der Reis kann anbraten, aber die Gefahr, dass er anbrennt, ist nicht mehr so groß. Manchmal glaube ich, Zutaten spüren das geradezu, ob Hitze zu- oder abnimmt.

Arthur ziehe ich manchmal damit auf, dass er mehr in seine Kochbücher schaut als in den Topf. Aber tatsächlich ergänzen sich unsere Perspektiven.

Arthur ist nach zwei Gläsern Wein an den Küchenblock gekommen. Er bietet an, sich an das Buchweizen-Risotto zu machen, das wir für die Blinis brauchen. »Aber alles auf dein Risiko«, sagt er. Klar doch. Ein Rezept gibt es nicht. Aber er notiert mit. Eine halbe Zwiebel, klein gewürfelt. Eine Tasse Buchweizen, zwei Tassen Brühe. Später korrigiert er auf knapp drei Tassen. Das Getreide nimmt so viel Flüssigkeit auf und bleibt doch körnig. Wir wollen aber einen Brei. Ich überlege, ob es nicht besser gewesen wäre, den Buchweizen im Mörser zu pressen. »Die Idee wäre vor 15 Minuten noch besser gewesen«, sagt Arthur. Nörgeln gehört bei ihm immer mit dazu. Aber ich weiß, er mag es, sich ausnahmsweise auf völlig neues Terrain zu begeben, ohne Wanderkarte, nur mit unserem inneren Kompass. Ich hole den zementschweren Mörser aus dem Schrank, und er setzt noch einen zweiten Topf auf.

Der Grund, warum Arthur so an Rezepten und

den Büchern hängt, ist seine Vorliebe für Reproduzierbarkeit. Er findet, es spricht für die Qualität eines Kochs, wenn er nicht nur Eintagsfliegen kochen kann, sondern ein gelungenes Gericht nach ein paar Wochen wiederholen kann. Er hat ja recht, das macht das Leben leichter. Doch es gibt Köche – und manchmal gehört Arthur auch dazu –, deren Perfektionismus, sich selbst zu kopieren, so weit reicht, dass sie sich ärgern, wenn ein Gericht nicht genauso gelingt wie beim ersten Mal, obwohl sie sich doch genau an die Anleitung gehalten haben. Mir geht das natürlich zuweilen auch so. Aber ich bin über die Jahre ein Gegner der Idee des immer gleich Guten geworden. Ganz radikal. Es hilft mir sogar, freier und ungezwungener zu kochen. Arthur nennt es ironisch »Experimentalküche«, ich leidenschaftlich »freie Liebe am Herd«. Und klar, mir kommen tausend Fehler unter, und manchmal muss ich ein Gericht auch wieder reparieren oder wegwerfen. Aber das sind Einzelfälle, die die Sache doch erst recht spannend machen.

Woher kommt überhaupt die Idee, dass unsere Kartoffelsuppe, die Pasta alla Norma oder ein Rinderfilet in Pfefferkruste immer gleich schmecken muss? Es ist ein Ideal, das wir aus Supermärkten und Restaurants übernommen haben. Giovanni um die Ecke hat die beste Pizza, superdünn, toll belegt, unser Favorit. Blöd nur, wenn er das Rezept ändert, einen anderen Lieferanten wählt, einen neuen Pizzabäcker einstellt oder uns aus irgendeinem anderen Grund die Pizza nicht mehr so schmeckt. Manchmal kann es aber auch sein, dass Giovanni gar nichts anders gemacht hat, wir aber seine Pizza einfach satthaben, es nur nicht merken. Weil es nicht sein darf, dass sich unser Geschmack verändert.

Der braune Bär, ein sagenumwobenes Eis aus den 80er-Jahren, führte bei mir damals zu selbstzerfleischenden inneren Konflikten. Als Kinder standen wir immer vor der Eistruhe und konnten uns nicht entscheiden: Dolomiti, Ed von Schleck oder Brauner Bär, dieses Eis, das einen Namen hatte wie ein Indianer und nach dunklem Karamell schmeckte. Doch auf einmal war es von der Eistafel verschwunden, Hunderttausende weinten ihm nach – bis Langnese das Eis vor ein paar Jahren wiederauferstehen ließ. Ich kaufte mir eins, voller Vorfreude, aber es hatte für meinen Geschmack nichts mehr mit dem Eis von damals zu tun. Zu süß, das Karamell viel zu aufdringlich. Hat Langnese die Rezeptur verändert? Nein, ich glaube, es liegt vielmehr an mir selbst, dass das Stileis nichts mehr für mich ist.

Geschmäcker verändern sich, und zwar schneller, als wir denken. Nur das, was wir verpackt oder vom Kellner serviert bekommen, kommt immer mit der Botschaft, dass es gleich gut und genauso schmeckt wie beim letzten Mal. Wenn man das auch als Prinzip in der eigenen Küche gelten ließe, steuert man darauf zu, bald mit Fertigsaucen und allerhand anderem Convenience-Zeug zu arbeiten. Weil einfach nur da, wo die Technik alles beherrscht, das Maß an Kopierbarkeit existiert, um Geschmack immer wieder zu klonen. Ich verdächtige deshalb übrigens auch Menschen, die sich in Form von Thermomix und Co. kleine Lebensmittelfabriken in die Küche stellen, dass es ihnen neben der Erleichterung ihres Küchenalltags mindestens genauso darum geht, immer das geschmacklich identische Gericht herstellen zu können.

Der Gastrokritiker Jürgen Dollase hat den Begriff der Redundanzesser geprägt. Er meint damit Menschen, denen das beste Essen das ist, was immer gleich schmeckt, über das man nicht nachdenken muss, das man unbedenklich in sich hineinstopfen kann. Die Currywurst etwa. Aus dieser

Haltung resultieren für mich die Redundanzköche, deren hehres Ziel die exakte Wiederholung ist.

Ja, aber es wäre doch schön, wenn die Sauce bolognese genauso gut gelingt wie vor einem halben Jahr. Sicher! Aber was, wenn nicht mehr so viel Oregano vorrätig ist? Oder der getrocknete Oregano sein Aroma zum Teil verloren hat und nicht mehr so intensiv schmeckt wie vor einem halben Jahr? Was, wenn die Sauce unbemerkt eine halbe Stunde weniger köchelt als damals und sie nicht so werden will wie früher? Das ist der Grund, warum Arthur alles minutiös mitschreibt, und ich es einfach aufgegeben habe, den Geschmack genau zu treffen. Und glauben Sie nicht, ich hätte den Geschmack nicht mehr so genau im Kopf. Doch für mich muss Essen immer *jetzt* schmecken, nicht gestern oder übermorgen, das ist doch das Schöne am Kochen, das Momentane, das Vergängliche an dieser Sensation auf dem Teller.

Mein Saiblingsfilet wurde am Ende auch nicht so wie im Restaurant, aber gut war es trotzdem, in Teilen fand ich es sogar besser. Und Arthur und ich hatten viel Spaß bei der Zubereitung. Wir packten die Fischfilets auf Kaninchenheu in eine

Keksdose, die unten durchlöchert war, und brachten das Heu mit einem Bunsenbrenner zum Glimmen. Die Keksdose ist eine Miniräucherkammer, stellt man sie in einen vorgewärmten Ofen, kann man Fisch auch zu Hause in einer Viertelstunde warm räuchern. Damit die Haut kross wird, flämmten wir sie am Ende noch mit dem Bunsenbrenner ab. Man muss dabei vorsichtig zu Werke gehen, die Fischhaut verbrennt leicht. Ein paar schwarze Stellen sind unvermeidlich. Das Buchweizen-Risotto ließen wir abkühlen, gaben noch ein Ei und geschlagenes Eiweiß dazu und hatten am Ende sehr luftige Blinis. Auch die Rote-Bete-Paste geriet gut. Die Rüben im Ofen zu backen war genau die richtige Idee gewesen, etwas Meerrettich machte sie schärfer, abgeriebene Zitronenschale fügte ein leichtes, fruchtiges Aroma dazu.

Arthur notierte alles mit, was wir mit den Sachen anstellten, nicht grammgenau, aber doch ziemlich penibel. Er mag es, mich Jahre später mit Gerichten zu überraschen, die ich schon längst wieder vergessen habe.

Sellerie

Kein Weihnachtsfest ohne Waldorfsalat. So war das noch im vorigen Jahrhundert. Aber auch heute kann man ihn noch in den Auslagen bestaunen. Zwischen Platten mit Graved Lachs, dünn aufgeschnittener Entenbrust und kirschrosa leuchtendem Roastbeef stehen in den Feinkostabteilungen die Schüsseln. Ein weißes, mayonnaiseschwangeres Gemisch mit orangefarbenen, hell- und dunkelbraunen Tupfern. Mandarinen, Hähnchenstückchen und Walnüsse. »Hühner-Cocktail« nannte meine Oma das, und ohne ihn waren die Festtage in den Achtzigern nicht rund.

Mir graute schon davor, wenn ich nur in die Nähe dieser Pampe kam. Vor den matschigen Mandarinenstückchen, vor diesem ganzen weißen Zeug, das süß-säuerlich, aber auch streng nach Sellerie roch. Manchmal stand ich an Weihnachten als kleiner Junge vor dem mit Leckerbissen vollgestopften Kühlschrank, sah neben dem Schokoladenpudding den Topf mit Waldorfsalat, alles nur lose mit Klarsichtfolie bedeckt, und stellte mir vor, wie das Aroma langsam abhob, die Lücken im Cellophan fand und in die Dessertschüssel mit dem Pudding hinüberwaberte.

Wenn ich die Kühlschranktür schloss, bildete ich mir weiter ein, stiegen die feinen, kontaminierenden Nebelschwaden im ganzen Kühlschrank wie Giftgas auf. Alles würde nach kürzester Zeit nach Sellerie schmecken. Irgendwann fragte mein Vater, warum ich ständig den Kühlschrank öffnete, das koste nur Strom. Denn in meiner Verzweiflung versuchte ich, das Schlimmste zu verhindern – meinen weihnachtlichen Hungertod –, indem ich den Kühlschrank regelmäßig lüftete. Mein Vater hatte für solche kindlichen Fantasien natürlich keinen Sinn. Ich war mit meinem Horror an Weihnachten der einsamste Mensch der Welt.

Was für die Generation meiner Eltern, die Anfang der 40er-Jahre Geborenen, die Steckrübe war, bedeutete für mich der Sellerie. Meine Mutter hat bis heute diesen strengen, süßlichen Geruch von Steckrübeneintopf in der Nase, das Aroma eines Gemüses, das sonst nur das Vieh bekam, aber man hatte eben nichts anderes. Und ich trug lange den ebenso aufdringlichen Duft des Selleries mit mir herum. Er roch nach Gemüse, Gemüse, Gemüse, ohne jede Fruchtigkeit, und so hochkonzentriert, mit einem leichten Hautgout von Kompost. Für mich war Sellerie der Hammel unter allen Stängeln, Blättern und Knollen, die mir damals aufgetischt wurden. Und erst nachdem ich meinen Frieden mit Sellerie gemacht hatte, konnte ich zum begeisterten Pflanzenesser werden.

Der Knollensellerie ist keine Schönheit. Eine graue Wucherung, voller Falten und Narben, mit Furunkeln und Wurzelhaaren bedeckt, als sei er aus einem knorrigen Baum herausgewachsen. Sehe ich Sellerie, muss ich immer an Samuel Beckett denken oder an W. H. Auden, den Dichter, der an der Elefantenkrankheit litt. Früher hatte ich beim Anblick einer Sellerieknolle noch ganz andere Assoziationen. Als hässlicher grauer Schnitz tauchte er in unserem Familienkühlschrank auf, an den Schnittflächen schon braun angelaufen, so kam er im Bund mit Karotten und Lauch als Suppengrün ins Haus und war auch noch das größte Stück in dem zweifelhaften Gemüsebund. Immer musste ein Stück davon mit in die Suppe, mit in den Eintopf, mit in den Hackbraten sollte er sogar – daher meine Weihnachtsfantasie vom alles durchdringenden Aroma der Sellerieschwaden.

»Oma, kannst du Sellerie nicht mal weglassen?«

»Aber Bub, der ist doch so gesund.«

Es gibt Situationen, da ist kein Supermarkt in der Nähe, kein Nachbar, bei dem man klingeln kann, und auch kein Lieferdienst, bei dem man online bestellen kann. Auf einer Almhütte hoch in den Bergen. Oder auf einem Segelschiff weit auf der Ostsee. Einzig und allein diesem Umstand hat der Sellerie zu verdanken, dass wir doch noch Freunde geworden sind. Erst durch eine Seilschaft in rauem Gelände, die mehr auf Verlässlichkeit aufbaut denn auf tiefe Sympathie, erst da wurde unsere Beziehung inniger.

Ich weiß noch immer nicht, was meine Segelpartner damals trieb, gleich drei riesige Knollen zu besorgen. Ich wusste damals nur, als wir das Schiff beluden und ich die Selleriekiste tief unten in der Kombüse verstaute, wenn mich die nächsten drei Wochen Übelkeit erwartete, abwechselnd ausgelöst vom Seegang oder von dem Sellerie im Essen, würde das ein ziemlicher Höllentörn werden. Kein Scheiß, ich dachte wirklich daran, die Köpfe nachts über Bord zu werfen. Aber ich hatte keine Idee, wie ich das unentdeckt machen sollte. Und schließlich sind Vorräte auf See kostbar.

Meine Lösung: Den Sellerie so schnell und vor allem so geschmacksarm wie möglich im Essen unterzubringen. Je schneller das Gemüse verbraucht war, umso eher konnte der Urlaub beginnen. Die Idee wurde so beherrschend, dass ich praktisch gleich nach dem Ablegen unter Deck verschwand. Und es war wahrscheinlich der schönste Segeltag der ganzen drei Wochen, blauer Himmel, kaum Seegang, eine leichte Brise aus Westsüdwest, die unsere Jacht von Fehmarn Richtung Rügen trieb.

Die anderen lagen alle an Deck, ich betrieb mit grimmiger Freude meinen Exorzismus gegen die vegetarischen Hammelköpfe. Ich wollte mindestens einen davon in einem Gulasch unterbringen. Mit viel Zwiebeln, Tomaten aus der Dose, noch mehr süßem Paprika und einer Flasche Wein. Dagegen würde der Geschmack keine Chance haben. Ich nahm einen ganzen Kopf, schälte äußerst großzügig, schnitt den Sellerie so klein wie möglich und gab die Würfel als Allererstes in den Topf. Ich musste mir fast die Nase zuhalten und beeilte mich sehr mit den anderen Zutaten. Drei Stunden ließ ich das Ganze köcheln, ohne Deckel, und goss ständig Wein und Brühe nach und rührte um. Der kardanisch aufgehängte Herd wippte leicht, und der Fahrtwind saugte die dampfigen Sellerieabgase durch das kleine Bullauge über dem Topf.

Nach zwei Stunden traute ich mich zu probieren und war platt. Mein Plan war nur teilweise aufgegangen. Kein Stückchen Sellerie war mehr identifizierbar. Aber, und ich war sicher, das lag an dem Gemüse, hatte der Fleischeintopf gleichzeitig eine tief gehende, würzige Note angenommen, die etwas in mir auslöste. Wie die Spur Moschus, die ein gutes Parfum ausmacht. Ich war mit meinem Sellerievernichtungsprojekt so zufrieden, dass ich richtig unglücklich war, als nachts der Seegang zunahm, mich die Seekrankheit erwischte und das Gemüse doch über Bord ging.

Aber zwei Exemplare gab es ja noch.

Man kann den Sellerie als Gemüse zweiter Kategorie bezeichnen. Kein Hauptdarsteller, sondern eine Nebenfigur, von der man glaubt, sie sei für viele Gerichte unverzichtbar. So wie die Assistenten im Fernsehkrimi, die Schildträger von Majestix, die zwei dummen Polizisten in *Pippi Langstrumpf*. Die Typen fallen erst auf, wenn sie fehlen. Sellerie kommt meist im Bündnis mit Karotten und Zwiebeln oder Lauch. Bei uns heißt das Suppengrün, in Italien ist er Mitglied im Soffritto, die nicht wegzudenkende Grundlage für Fleischsaucen oder Schmorgerichte wie Ossobuco. Dieser Begriff ist wichtig. Das Soffritto wird im Wortsinn »untergebraten«, weggekocht, ein leichtes Aroma soll gerade noch bleiben. Und das Gemüse sorgt gleichzeitig für Sämigkeit in der Sauce.

Sellerie wird beim Soffritto viel sparsamer eingesetzt, wird meist noch durch Knoblauch ergänzt. Und in Italien wird eigentlich nicht die Knolle, sondern der Stangensellerie benutzt. Er ist milder und weniger erdig als der Knollenabschnitt im Suppengrün. Und er ist hier ganz klar Schildträger. Er unterstützt den Geschmack anderer Gemüse, zum Beispiel den von Tomaten. Vor allem, wenn sie sehr süß und fruchtig schmecken, und alle Züchtungen gehen in den letzten Jahren in diese Richtungen – vor allem Snack- und Datteltomaten schmecken inzwischen schon fast bonbonhaft –, hier gebe ich sogar immer noch etwas mehr Sellerie hinzu. Das Gericht wird etwas herber und vegetabiler, ich finde, eleganter. In französischen Supermärkten gibt es überall Selleriesalz. Alle paar Jahre kaufe ich ein Glas, bei meinem noch immer sparsamen Einsatz von Sellerie bin ich manchmal froh, wenn ich noch etwas Geschmack hinzugeben kann.

Ich verwende Sellerie also weniger als Gemüse, sondern als Gewürz. Einmal im Monat steht Stangensellerie auf meinem Einkaufszettel, und ich bin gerade seinetwegen froh um ein Null-Grad-Fach, in dem das Gemüse im Kühlschrank eine Weile aushält. Dass das Gemüse dabei Aroma verliert, weiß ich, beim Sellerie ist mir das aber – inzwischen wahrscheinlich nachvollziehbar – schnurz.

Der Sellerie ist ein so wichtiger Nebendarsteller, dass ich mich irgendwann gefragt habe, ob es sich nicht auch lohnen könnte, ihn mal zum Hauptdarsteller zu machen. Der Anstoß dazu kam von einem warmen Salat. Die Knolle war in bandnudelbreite Streifen geschnitten, die in der Pfanne mit grob gehackten Walnüssen angebraten und mit Balsamico abgelöscht worden waren. Es schmeckte so gut, ich wischte sogar den letzten Rest der Vinaigrette mit dem Finger vom Teller, stellte meine Waldorfsalat-Erinnerungen in die Ecke und begab mich auf Rezeptsuche. Doch die Lage stellte sich als dürftig heraus. Ich fand Anleitungen für Selleriesuppe oder -püree, auch für einen Selleriebratling, was auch immer das sein soll. Mehr nicht. Ist dieses Gemüse so ein Sonderling, dass sich niemand an ihn herantraut?

Weil sich die Knollen im Kühlschrank über Wochen halten, hatte ich Zeit zum Experimentieren. Wirklich danebengegangen ist noch kein Versuch. Karamellisierter Sellerie etwa ist eine hervorragende Beilage zu Braten. Sehr klein gewürfelt angebraten und unter frische Spaghetti gemischt, braucht er neben gutem Olivenöl nur noch Parmesan.

Ich glaube, zu viele Köche sind daran gescheitert, diese eigenartige Knolle in ein Ensemble zu integrieren, sie ist ein Charakterkopf. Für solche Darsteller eignen sich Monologe am besten. Wenn Sie das Gemüse nicht ausstehen können, macht das gar nichts. Sehen Sie ihn sich nur an: Der Sellerie hat damit gar kein Problem.

Vegetarier

Und dann wurde ich Vegetarier. Ich weiß nicht mehr, wie es zu dem Entschluss genau kam. Ich hatte einfach alles satt. Sahne vor allem. Sie kam überall rein, in den Tee, in den Kaffee, in die Saucen. Und ich steckte in einem Dilemma. Ich war vor Kurzem von daheim ausgezogen und kochte vor allem, was es auch sonst zu Hause gab, was ich mir bei Mutter, Tanten und Omas abgeschaut hatte. Mein Highlight waren mit Speck umwickelte Schweinelendchen, die mit Wodka abgelöscht und flambiert wurden. Anschließend kamen noch grüne Pfefferkörner dazu und natürlich – Sahne.

Ein paar Monate lebte ich damals in einer Mann-Frau-WG. In der Rückschau kann ich nur sagen, es muss eine Notsituation gewesen sein. Denn meine Vermieterin und Mitbewohnerin

Aurelia, 20 Jahre älter als ich, eine strenge, humorlose Frau, hatte keine Küche. Was sie so bezeichnete, war eine Spüle, neben der ein Campingherd mit zwei kraftlosen elektrischen Kochplatten stand. Im Regal gab es noch einen kleinen Ofen, ebenfalls tragbar und von der Größe einer Mikrowelle. Die Heizschlange darin wurde zwar rot, aber nicht heiß. Das Gerät reichte kaum, um ein Käse-Schinken-Brot zu gratinieren, geschweige denn, um einen Auflauf oder einen Kuchen zu backen.

Beim meinem ersten Besuch hatte ich mich für die Küchenausstattung nicht interessiert. Wenn man um die 20 ist, kümmern einen andere Dinge. Ich wollte endlich in der Stadt wohnen, ein Zimmer haben, in das ich Leute mitbringen konnte, ohne befürchten zu müssen, dass irgendjemand aus meiner Familie neugierig um die Ecke biegt. Ob man dort kochen konnte, war mir erst einmal egal – bis ich eingezogen war und am zweiten Abend das Nudelwasser einfach nicht heiß werden wollte.

Dass ich an diesem Abend überhaupt in die Küche kam, mit Gewürzen, einer Pfeffermühle, einer Pfanne und einer richtigen Espressomaschine, schockierte meine neue Mitbewohnerin sichtlich. Sie hatte es sich gerade mit einer Tasse Tee an dem kleinen Tisch gemütlich gemacht, dick in eine Decke eingewickelt. Meine Vorgänger, sagte Aurelia verwundert, hätten sich in der Küche höchstens Frühstück gemacht. Sie betrachtete das, was Küche hieß, eigentlich als ihr zweites Zimmer, machte sie mir schnell klar. Aber weil sie einsah, dass Kochen für mich mehr bedeutete, als heißes Wasser in einen Becher Instantsuppe zu gießen, und weil es der zweite Abend war, wollte sie mal nicht so sein. Sie beobachtete genauso neugierig wie ich, irgendwann auch leicht panisch, wie der Topf, in dem das Wasser verzweifelt dampfte, sich sonst nicht weiter bewegte. Eigentlich hätte da schon klar sein müssen, das wird nichts mit uns. Aber die Einsicht ließ noch ein paar Tage auf sich warten.

Ich brauche es nicht zu sagen: Aurelia kochte nicht. Sie erzählte, sie habe nicht nur aus Platzgründen keinen großen Herd. Sie plage die Vorstellung, dass sie vergesse, die Kochplatten auszuschalten, und dann die ganze Wohnung in Flammen stehe. Klar, auch der Campingherd war nach Gebrauch immer auszustecken. Im Grunde handelte es sich dabei eher um eine Herdattrappe, wenn sich neue potenzielle Mitbewohner vorstellten. Was, denke ich heute, sicher öfter passierte.

Dennoch gab es einen Star in Aurelias potemkinscher Küche: eine gut funktionierende, elektrische Getreidemühle. Sie hatte sogar ein eigenes Regal bekommen, in Griffweite des Tischchens, das mit Teetassenrändern übersät war. Damit schredderte sie jeden Abend ihre persönliche Mischung von Körner für eine große Schüssel Müsli am Morgen. In der Küche standen größere Papiertüten mit Hafer, Dinkel und Roggen.

Aurelia war Rohköstlerin. Am Morgen aß sie Unmengen ihres Getreidebreis, abends in Stangen geschnittenes Gemüse. Sie sagte, mittags gehe sie in die Mensa, sie arbeitete irgendwo in der Nähe der Uni.

In der zweiten Woche lud ich Freunde ein, es sollte ein kleiner Einstand in mein neues erwachsenes Leben werden. Ein Essen gehörte dazu, und irgendwie schaffte ich es, auf dem Campingherd meine Schweinelendchen im Speckmantel zuzubereiten. Aurelia war ins Kino gegangen, großzügig hatte sie gesagt: »Heute Abend gehört die Küche dir.« Es sollte mein letzter Abend in der Wohngemeinschaft werden.

Als ich am nächsten Tag in die Küche kam,

standen alle Fenster offen, und eine Frau, die völlig außer sich war, schrie mich mit hochrotem Kopf an. Was mir einfiele, in ihrer Küche Fleisch zu braten! Meine Bemerkung, dass das mit dem Braten eine Auslegungssache sei bei diesen Wärmeplatten, machte alles nur schlimmer. Aurelia fiel in sich zusammen. Sie quälte nur noch ein Gedanke. Ob der Fleischgeruch irgendwann wieder aus ihrer Wohnung verschwinden würde. Ich ging packen.

Nach diesem Erlebnis hätte ich eigentlich überzeugter Fleischesser werden müssen. Wurde ich aber nicht. Denn was mich an Aurelia nervte, war nicht ihre Aversion gegen Fleischesser, sondern die Tatsache, dass ich schon wieder nicht so leben und auch kochen konnte, wie es mir passte. Ich wollte meine Freiheit, endlich. Ich wollte alles ausprobieren und gleichzeitig alles anders machen als alle anderen. Ich hatte gelernt, eine Küche gehört zu meinem Leben dazu. Sich allein von zerschrotetem Korn zu ernähren, das schien mir als Gipfel der Lustfeindlichkeit. Und scheint es mir noch heute.

Auch wenn es Zufall war, dass ich einige Wochen später dazu überging, kein rohes Fleisch mehr zu kaufen (weiter ging mein Vegetariertum nie), aus mir hätte damals kein so dogmatischer Esser werden können wie die Sushi-Fanatikerin Hazel, die sich ein paar Jahre später in meiner WG vorstellen sollte. Dafür war ich zu neugierig. Moralische Motive trieben mich nicht. Ich hatte wenig Geld, leistete mir, wenn möglich, ohnehin nicht viel mehr als Hühnchen und Schweinefleisch. Aber selbst die teure Schweinelende schwamm in der Pfanne in Wasser, und ich bekam Pickel davon. Die Gemüseküche schien mir einfach der richtige Weg, kulinarisch ein eigenes Land und zugleich Neuland zu betreten. Mein noch kleiner Rezeptehorizont sagte mir, dass es da einiges zu entdecken gäbe, in der italienischen Küche, in der indischen, vielleicht auch noch in anderen asiatischen oder orientalischen Küchen. Neue Zutaten, neue Zubereitungsweisen, das schien mir alles ein reicher, entdeckenswerter Kosmos. Und wenn ich damit auch noch ein bisschen Gewicht verlor, umso besser. Ich fühlte mich viel zu dick.

Wenn ich heute an mein Vegetariertum zurückdenke, dann kann ich sagen: Moral ist das eine, das andere sind Zeit, ein ziemlich gutes Messer und vor allem der Wille, sich Wissen anzulesen. Von allem hatte ich nur begrenzt. Ich war in einer

Zeit groß geworden, in der Jungen und Männer nach der festen Überzeugung von Tanten und Großmüttern nicht satt werden konnten, wenn nicht ein Stück Fleisch mit auf dem Teller lag. Hatte in einer Kultur das Essen erlernt, in der ein halbes Dutzend Nürnberger Rostbratwürste höchstens eine Zwischenmahlzeit sind. Die damit einhergehende Skepsis gegen alles Gemüselastige hatte sich so in mir eingeprägt, dass ich beim Wort *vegetarisch* noch immer als Erstes an die recht fade Gemüsesuppe dachte, die es traditionell an den Weihnachtstagen gab: Es war die kleine Reminiszenz der adventlichen Fastenzeit, bevor das große Spachteln losging. Wegen uns Kindern hätte die Suppe auch wegbleiben können, wir hätten lieber nichts gegessen, so wässrig, streng nach Sellerie, lustlos salzarm und kartoffelpetersilig schwappte sie auf der Zunge, alles darauf angelegt, nicht zu schmecken. Aber zugleich gab es ein vegetarisches Gericht, das noch heute eines meiner Lieblinge ist: Pfannkuchen mit Spinat. Der leicht süße, nussbuttrig ausgebackene Teig machte ein Gemüse zur Delikatesse, vor dem Kinder normalerweise weglaufen.

Nun also kein Fleisch mehr. Und ich wollte mich ja künftig nicht nur von Spaghetti mit Pesto,

Kartoffeln mit Spiegelei oder Pfannkuchen mit Spinat ernähren. Vor allem wollte ich kein Körnervegetarier werden wie Aurelia und auch kein Nutella-Brotesser, wie ich sie später als Vegetarier häufig kennengelernt habe. Zu meinem Vegetarismus gehörten weder pflanzliche Brotaufstriche noch Grünkernbratlinge. Das gab es alles noch nicht, wie soll ich sagen – »seinerzeit«.

Es begann eine große Zeit der Recherche und des Dilettantismus. Mit Pasten, Pestos und Sugos, mit exotischen Zutaten aus den Asialäden im Bahnhofsviertel in Frankfurt am Main, dort studierte ich inzwischen. Ich konzentrierte mich darauf, das zu kopieren, was es auch an den Imbissen und in den studentischen Restaurants in der Umgebung gab: Bratreis, Bratnudeln, Frühlings- und Sommerrollen, Falafel und Halloumi, Currys und natürlich Pasta und Pizza. Einmal in der Woche gab es außerdem Reibekuchen, entweder mit Quark oder manchmal auch mit Apfelmus und Pfeffer. Und ich wurde ein Fan der Frankfurter Grünen Sauce.

Zum kulinarischen Highlight dieser Zeit aber wurde Melanzane parmigiana, der köstliche italienische Auberginenauflauf. In meiner Version eine aufwendige Angelegenheit. Denn in meine kleine Studentenpfanne passten immer nur zwei Auberginenscheiben, bei drei Auberginen, die ich immer in sechs Scheiben schnitt, hieß das neun Bratgänge, bedeutete mehr als eine Stunde Arbeit, bevor ich anfangen konnte, den Auflauf zu schichten. Eine Arbeit, die sich aber lohnt. Ohne goldbraun gebratene Auberginen ist die Melanzane keine Melanzane. Sie wird mit Parmesan und einer Tomatensauce, die mit einer großen Prise Zimt eingekocht wird, geschichtet und muss dann noch einmal fast eine halbe Stunde zum Überbacken ins Rohr.

Irgendwann stellte ich fest, dass mich beim Gedanken an Fleisch Ekel überkam, und wenn ich rohes Fleisch roch. Ich fing an, die Metzgertheken im Supermarkt zu meiden. Es war ein Ekel, der mich freute, der mir aber zugleich Angst machte. Denn auf der einen Seite hatte ich mein Ziel erreicht: Ich hatte die Sucht auf Fleisch bezwungen, auch wenn ich noch immer nicht genau wusste, wie ich in den nächsten Jahren meine Küche gestalten konnte, wenn ich nicht auch meine Lust aufs Essen verlieren wollte. Auf der anderen Seite hatte ich noch immer die hochrote Aurelia im Kopf, die verzweifelt den Speckduft aus dem offenen Küchenfenster zu fächeln versuchte. Für mich eine grauenhafte Vorstellung: Mit meinem Vegetarismus ging keinerlei Moralismus einher, sondern eher der Ekel vor schlechter Qualität – gutes Fleisch konnte ich mir schlichtweg nicht leisten. Ich wollte die Welt nicht verbessern, kein Tier aus dem Massenstall herausholen oder mit meinem persönlichen Einsatz die CO_2-Bilanz verbessern.

Und irgendwann hatte ich dann diesen bittersüßen Ekel satt. Er schmeckte mir nicht mehr. Er trieb mich stärker dazu, weiter mein Gemüse zu essen, als es die Begeisterung für Gemüse tat. Ich aß, aber nicht mehr mit dem Appetit, an den ich gewohnt war, es war eher ein intellektueller Hunger, den ich befriedigte, aber eine Leerstelle blieb. Vielleicht hätte ich mich damals schon so mit Gemüse beschäftigen müssen, wie ich es Jahre später tun sollte. Dazu reichte mein Wissen aber nicht, vielleicht spürte ich auch, welche Zukunft ich mir damit versperrt hätte.

Also wurde ich rückfällig, ganz absichtlich, und suchte mir dafür einen zweiten Weihnachtsfeiertag aus, den Tag, an dem es bei meiner Großmutter (ja, die mit der Lasagne) wieder Roastbeef geben würde. Das war schon Monate im Voraus klar. Ich feierte in dieser Zeit noch einmal meinen Ekel, kochte mich durch meine ganze kleine vegetarische Küche und beendete sie erst mit einem Endstück, schön durchgebraten, und dann einer Scheibe mehr aus der Mitte des Roastbeefs, schon etwas blutiger. Es kostete Überwindung bis zum letzten Bissen, aber selten habe ich Fleisch bewusster geschmeckt als bei dieser Mahlzeit.

Und ich erschreckte mich: Mein Körper brauchte danach mehr als einen Tag, um wieder damit zurechtzukommen, was ich ihm einverleibt hatte. Ich fand das besorgniserregend, dachte als Mann vielleicht auch darüber nach, wie verweichlicht mein Körper geworden war. Ich fing wieder an, Fleisch zu essen – sehr viel bewusster als früher, in kleineren Mengen, erfand meinen Geschmack dafür neu, und mache immer wieder vegetarische Pausen. Denn der bittersüße Ekel vor Fleisch meldet sich immer wieder zurück. Und ich habe mehr als nur Frieden mit ihm geschlossen.

Befreiung

Eine Wand von Kühlschränken empfing mich in der Gemeinschaftsküche im Studentenwohnheim in Frankfurt am Main. Zu jedem Zimmer gehörte ein abschließbares Kühlfach, das Platz für zwei Packungen Milch, vier Flaschen Bier und drei Becher Joghurt hatte. Die Edelstahltüren hatten einst geblitzt, inzwischen waren sie von der ständigen Bearbeitung mit Scheuermilch matt und grau geworden.

Seinen Kühlschrank zu öffnen hatte immer einen leichten Gruseleffekt. Das Licht fehlte, man blickte hinter den Milchpackungen in einen schwarzen Schlund. Nur die Öffnungen der Lochbleche gaben dem Dunkel etwas Struktur. Die ganze Kühlkombination war damit unterteilt. Und eben wegen dieser Lochbleche wusste man nicht, was einen erwartete, wenn man seinen

Spind öffnete. War unten links, im Abteil von Nr. 101, die Milch sauer geworden? Der Geruch konnte bis oben zu mir in die Nr. 144 hochsuppen. Oder war in der 150er-Reihe ein Glas Pastasauce umgefallen – und auf meine Vorräte getropft? Das war alles noch gar nichts im Vergleich zu den großen Kakerlaken, die einen manchmal erschreckt anblickten, wenn Licht in ihr Reich fiel. Steckte man den kleinen Schlüssel leise in die Tür und zog sie schnell auf, hörte man beinahe immer leises Getrappel, wenn die Tierchen überrascht zwischen die Kühlschlangen im Hinterraum der Spinde zurückflohen.

Ja, es gab viele Mitbewohner, und die meisten stellten sich schon nach kurzer Zeit einen kleinen Kühlschrank in ihre eigenen 14 Quadratmeter. Oder sicherten, so wie ich, ihre Lebensmittel zusätzlich in Tupperdosen. Eine koreanische Gaststudentin, die noch immer in einem kleinen Zimmer auf neun Quadratmeter wohnte und trotz 16 Semestern in Frankfurt noch immer kein Deutsch sprach, hatte sich das Recht erkämpft, ihren Kühlschrank in die Gemeinschaftsküche und neben das Kakerlaken-Schlaraffenland zu stellen. Wenn sie ihn öffnete, verließen manche Mitbewohner schlagartig die Küche. In dem Kühlschrank vergor nicht nur selbst angesetztes Kimchi, der scharf-saure fermentierte Chinakohl, ohne den Koreaner nicht überleben können. Auch Fisch wurde darin einem Alterungsprozess überlassen, der sich in einem Duft äußerte, der bei uns Brechreiz auslöste, für unsere Mitbewohnerin aber wahrscheinlich das Leckerste und Heimatlichste war, was sie Tausende Kilometer von zu Hause entfernt hatte.

Als ich zwei Jahre später auszog, kurz nach der Geschichte mit dem halben Lamm, von der ich später noch berichten werde, betrat diese Frau nur noch sehr tief in der Nacht die Küche, wahrscheinlich etwa um die Zeit, wenn sich in Seoul die Menschen zum Frühstück setzten – und kochte und aß vor sich hin. Nie machte sie auch nur den Versuch, uns von den Vorzügen ihrer Küche zu überzeugen. Was schade ist, ich entdeckte die koreanische Küche erst 20 Jahre später und habe noch heute das Gefühl, ich habe lange Zeit meines Lebens etwas verpasst. Auf jeden Fall hing, wenn wir uns ein paar Stunden später in der peinlich aufgeräumten Küche unser Frühstück machten, bevor es in die ersten Vorlesungen ging, noch immer der hartnäckige Geruch von sauer gewordenen Anchovis über dem Tisch.

Diese Frau war die Einzige, die so allein vor sich hin kochte. Dieses Studentenwohnheim, fünf Etagen hoch, auf jedem Stockwerk zwei Dutzend Zimmer, sollte, trotz Kakerlaken und oft defekter Gaskochplatten, zu einem der wichtigsten Orte für meine kulinarische Entwicklung werden. Nicht nur, weil ich hier erst so richtig mit dem Kochen begann. Sondern auch, weil ich den Genuss kennenlernte, mit vielen Menschen um einen großen Topf mit Schweinefleisch in Erdnuss-Sauce zu sitzen – oder einfach nur vor Spaghetti.

Das Wohnheim befand sich in einem unansehnlichen Bau, fast schon auf dem Campus. Fünf Schuhkartons aus Beton auf Stelzen. Rechts lag ein McDonald's, die Mülltonnen standen dünstend neben unseren Fahrrädern unter dem Wohnhaus. Ein Zweckbau aus den 60er-Jahren mit nur einer Besonderheit, einer haustechnischen Innovation, die der Architekt verblüffenderweise bei den Bauherren durchbekommen hatte: eine Deckenheizung. Leider fehlten dazu alle nötigen baulichen Vorkehrungen, wie zum Beispiel eine ordentliche Dämmung über den Heizschlangen, die in den Zimmerdecken verlegt waren, und so schafften sie es nicht, die physikalischen Gesetzmäßigkeiten außer Kraft zu setzen.

Und so wurde die soziale Hierarchie vom Heizungssystem bestimmt. Wer im dritten Stock lebte, hatte einen Platz an der Sonne. Denn der erste Stock direkt über den Stelzen war immer bitterkalt, der zweite Stock ständig überheizt, weil die Mitbewohner darunter irgendwie versuchten, Wärme in ihr Stockwerk zu bekommen, und im Herbst, wenn es kälter wurde, musste man einen Stock tiefer gehen und den Mitbewohner unter sich bitten, die Heizung aufzudrehen, damit es oben warm wurde. Weil es auch im sechsten Stock eine Deckenheizung gab, also direkt unter dem wahrscheinlich nicht ganz dichten Dach, hatte der Architekt hier einen regelrechten Inkubator für Ungeziefer geschaffen. Im fünften und sechsten Stock jedenfalls blickten einen Kakerlaken nicht nur aus dem Inneren des Kühlschranks an, sie fielen dort einfach von der Decke, vor allem in den Duschen.

Ich hatte Glück und bekam nach einem halben Jahr ein großes Zimmer im dritten Stock. Dort war nicht nur die Kakerlakenbelastung am geringsten, hier befand sich auch das Zentrum des Küchengeschehens im ganzen Haus.

Im Wohnheim lebten so viele Nationalitäten, dass ich am zweiten Tag in meinem neuen Zuhause von einem fremden Menschen mit der Frage angesprochen wurde: »Sag mal, kommst du aus Tirol?« Zwischen Koreanern, Ghanaern, Menschen aus Liberia, Jordanien und Ägypten konnte man sich erst einmal nicht vorstellen, auf jemanden zu treffen, der ganz langweilig aus Bayern kam oder aus dem Sauerland, wie mein neuer Kochfreund Cornelius.

Cornelius begegnete ich in der Einführungsveranstaltung für Rechtsphilosophie. Wir stellten fest, dass wir uns nicht nur beide für Jura eingeschrieben hatten, sondern auch im selben Wohnheim lebten und gerne kochten. Daher beschlossen wir, gleich mal unsere Kühlschrankinhalte zusammenzuschmeißen und ein großes Curry zu machen.

Frankfurt war genau das richtige Pflaster, um sich kulinarisch zu befreien. In der Gegend um den Hauptbahnhof gab es so viele exotische Läden und Restaurants. Ich lernte hier Falafel kennen, Hummus und Berberitzen. Man konnte nicht nur hervorragend indisch essen, sondern auch die Grundzutaten für Palak Paneer und andere Currys kaufen. Auch Tofu, ein mehr als exotisches Produkt, war zu haben. In kürzester Zeit waren unsere kleinen Kühlschrankspinde voll mit Saucen und Würzpasten. Weil direkt vor dem Wohnheim auch noch an zwei Tagen Wochenmarkt war, kauften wir immer frisch ein. Und so viel Kartoffeln mit Grüner Sauce ich schon gegessen habe, es war nie im Restaurant. Wir Studenten mit schmalen Budget holten uns die in Papier eingepackten Kräuterbündel, kurz bevor die Standbesitzer Feierabend machten. Oft bekamen wir sie von Marktleuten geschenkt.

Und so ging es auch mit anderem Obst und Gemüse. Steigen voller Radieschen, das Grün schon verwelkt und matschig, sehr weiche Tomaten, Tüten mit Äpfeln und Birnen. All das stand nach Markttagen oft im Treppenhaus – von irgendeinem Mitbewohner geschossen und zur allgemeinen Verfügung. Fleisch gab es selten, das war uns zu teuer.

Mein neuer Kumpel und Mitbewohner Cornelius und ich begannen damals, für das ganze Stockwerk zu kochen. Es begann mit der Aktion Frühlingsrolle. Eines Tages kam Cornelius mit einem großen Beutel Sojasprossen von irgendeinem Asiamarkt, auch einen dicken Packen mit

Reispapierblättern hatte er erstanden. Es gab damals noch kein Internet, also fragten wir beim Chinesen im zweiten Stock nach, was alles noch als Füllung in die Frühlingsrollen hineingehöre. Nur woher Cornelius wusste, wie man die Frühlingsrollen füllt und rollt, das blieb mir ein Geheimnis.

Es war ein wirklich dicker Packen mit Reispapier. Und wir dachten gar nicht daran, uns auf eine bestimmte Zahl zu begrenzen. Dafür war auch die Tüte mit den Sojasprossen zu groß, wie sich schnell herausstellte. Wir schnitten Paprika in schmale Streifen, rieben Ingwer, hackten Koriander und hatten bald den größten Kochtopf voll mit dem, was wir in das Papier einrollen wollten. Da waren die Sojasprossen noch gar nicht dabei. Anschließend kam ein bisschen von dem gehackten Gemüse auf ein Reispapier, Sojasprossen und Kräuter obendrauf und dann schlugen wir das Papier erst an den Rändern ein und rollten es auf.

Nach der ersten Ladung Frühlingsrollen, die wir in einer großen Pfanne in reichlich Öl frittiert hatten, würzten wir die Fülle mit einem halben Becher Sojasauce etwas nach und teilten uns anschließend auf. Cornelius rollte, ich buk die Frühlingsrollen aus. Nach der dritten Pfanne, die wir noch zu zweit gegessen hatten, jeder von uns musste inzwischen bei acht bis zehn Rollen angekommen sein, war der Kochtopf mit dem geschnittenen Gemüse immer noch voll, und auch die Tüte mit den Sojasprossen. Wir aber hatten gerade so richtig Routine entwickelt. »Das muss weg«, sagte Cornelius und ging los. Es war später Nachmittag, viele Studenten saßen gerade auf ihren Zimmern. Cornelius klopfte an den Türen des Stockwerks und rief: Frühlingsrollen, wer will Frühlingsrollen? Kurze Zeit später waren wir von fünf Essern umringt, bald kamen auch bekannte Gesichter aus anderen Stockwerken hinzu.

Eine Stunde später hatte ich genug. Das spritzende Fett hatte überall kleine Verbrennungen auf meinem Handrücken angerichtet, und ich sinnierte schon, ob ich jemals in meinem Leben wieder Frühlingsrollen würde essen können. Aber Cornelius war noch so richtig im Füll- und Rollrausch. »Es müssen doch alle was bekommen«, sagte er. »Willst du das Zeug wegschmeißen?« Erst als er gegen halb neun das letzte Reispapierblatt gefüllt hatte, entfuhr ihm ein Seufzen. Er war so erschöpft wie zufrieden. Wir hatten in den letzten zweieinhalb Stunden annähernd zwei Stockwerke satt gemacht.

Wir ließen alles stehen und liegen. In dieser Nacht stieß Miss Korea auf ein Inferno in der Küche. Der Geruch von Fritierfett hing noch tagelang in der Luft unseres Stockwerks, und kein Kimchi oder vergorener Fisch konnte ihm was anhaben.

Aktion Grünkohl oder Aktion Käsespätzle, so nannte sich das, wenn Cornelius und ich in den nächsten Wochen in der Küche zusammenkamen. Auch andere Mitbewohner kochten immer wieder viel zu viel, und so entwickelte sich eine ganz freizügige Kultur des Geben und Nehmens. Und auch wenn man groß gekocht hatte, sich das Wohnheim aber wie ausgestorben anfühlte – »Scheiße, heute ist ja Bruce-Springsteen-Konzert« –, stellte man das Essen auf den Küchentresen und konnte sicher sein, schon am nächsten Morgen war nur noch die Hälfte da.

Irgendwann stieß auch noch Alexis zu unserem Aktionskomitee dazu. Er war Grieche, hatte sich für Ethnologie eingeschrieben, aber eigentlich nur, um an ein preiswertes Zimmer im Wohnheim zu kommen. Er war einmal auf das Unigelände geschlendert, aber nur bis zur Mensa gekommen. »Die hat mir den Appetit aufs Studium verleidet«, sagte er.

Alexis arbeitete lieber auf dem Bau, meist tageweise. Und mit dem Lohn, den er abends bekam, ging er einkaufen. Während Cornelius und ich eher auf der Suche nach ausgefallenen Zutaten waren, ging Alexis' Faible in ein anderes Extrem. Je größer die Mengen waren, die er erstehen konnte, umso besser. Deshalb die Aktion Grüne Sauce. Einmal brachte er eine schwere Tüte mit Fischfilet mit, Kabeljau und Seelachs. »Sushi-Qualität«, sagte er. Wir gaben den Fisch aber doch lieber in die Pfanne. Und eines Tages brachte er, tagelang hatte er es schon im ganzen Wohnheim angekündigt, alles für die Aktion Lamm mit. Ganz genau war es ein ganzes Hinterbein, Ober- und Unterkeule wahrscheinlich von einem jungen Hammel.

Wir drei beratschlagten schon morgens in der Küche, was wir damit machen wollten. Unser Grieche bestand darauf, es im Ganzen zu garen, er hatte das Bein schließlich auch in einem Stück gekauft. Er wollte es ganz einfach machen, so wie zu Hause: eingerieben mit Olivenöl, gespickt mit Knoblauch und Rosmarin. Es würde sicher vier oder fünf Stunden im Ofen brauchen. Cornelius und ich hatten keinen besseren Vorschlag, also massierten wir mit viel Liebe eine halbe Flasche Olivenöl in das Fleisch, brachen drei Knollen Knoblauch auseinander und klemmten die Zehen in jede Spalte, die wir auf den Keulen fanden. Erst als der Braten ofenfertig war, fiel uns auf, dass die Lammhaxe viel zu groß für das Rohr war. Längs, quer, diagonal, wir probierten alles aus. Es ging nicht.

Zerschneiden kam für Alexis aber auf keinen Fall infrage. Er schaute lange in den Ofen, dann auf die lange Keule und sagte dann: »Wozu hat das Tier ein Kniegelenk?« Wir brauchten ein paar Beugeübungen, bis der Unterschenkel richtig nachgab und das Lammbein eingeknickt blieb. Aber dann ging es. Der Oberschenkel passte gerade so ins Ofeninnere, wenn der Unterschenkel angeklappt war. Wir schlossen schnell die Tür, klemmten noch einen Stuhl unter den Griff der Ofenklappe, damit auch alles da blieb, wo es bleiben sollte. Dann verließen wir die Küche und verabredeten uns in drei Stunden, um weiter zu kochen.

Ich saß in meinem Zimmer gerade über ein Strafrechtslehrbuch gebeugt und hörte es zwar ungewöhnlich laut plopp machen, dachte mir aber nichts dabei. Erst als sich das Geräusch so anhörte, als wäre da ein Stuhl durch die Luft gesegelt und dann auf irgendwas Hartes getroffen, schaute ich nach.

In der Küche standen Alexis und Cornelius schon am Ofen. Die Backofentür lag am Boden, das Fenster zersplittert. Der Stuhl, der eigentlich als Sperre gedacht war, war gebrochen und ein paar Meter in den Raum geschlittert. Und aus dem Ofenrohr ragte, wieder ganz gestreckt, die Lammhaxe.

»Macht nix, macht nix«, sagte Alexis. Aber er meinte nicht den geschrotteten Ofen. Er entschied, dass die Haxe nun unter dem Grill fertig gegart werden sollte, ein Stockwerk höher. Er werde das selbst kontrollieren und das Bein wenden und drehen, das gehe schon, das dauere vielleicht nur eine Stunde länger. Er schickte uns weg.

Als ich eine Stunde später zurückkam, herrschte in der ganzen Küche eine Atmosphäre wie in einem Ofen. Es war heiß, es war fettig – und vor allem roch es. Alexis hatte inzwischen das T-Shirt ausgezogen und seine Hände mit Alufolie umwickelt. Alle fünf Minuten zog er die Haxe aus dem Ofen, drehte sie um ihre Achse und schob sie wieder unter den Grill. Um das Bein zu stützen, hatte er einen Stuhl herangezogen. Seine neue Aktion hatte sich inzwischen im ganzen Wohnheim rumgesprochen. Gerade wieder steckte Georg seinen Kopf in die Küche und inspizierte den improvisierten Semigrill. »Ist das DAS Lamm?« »Ja«, sagte Alexis und strahlte: »Spezialverfahren von Großvater.«

Das Essen war, bis auf einen Glassplitter, der sich Kerstin von innen in die Wange schob, ein voller Erfolg. Erst ein paar Wochen später sagte Cornelius dem Hausmeister Bescheid, dass im dritten Stock der Ofen ausgefallen war. Wie das Ganze passiert war, konnte er ihm nicht beantworten. Sie hätten sich darauf geeinigt, dass vielleicht irgendeines der geheimnisvollen Gerichte im koreanischen Kühlschrank explodiert sei, erzählte mir Cornelius danach lachend. Ich war da schon ausgezogen. Das Lamm war mein letztes großes Mahl gewesen. Ich hatte bei Arthur ein Zimmer gefunden.

Konkurrenz

Viele Köche verderben den Brei, heißt es. Mein Freund Arthur ist das lebende Beispiel, dass dieser Satz stimmt. Er ist in meinem Fall nämlich die Ausnahme von der Regel. Ein Kochpartner. Es gibt noch ein paar andere, aber niemand reicht an ihn heran.

Mit Mitmenschen zu kochen gehört für mich zu den größten Herausforderungen auf dieser Welt. Aber gilt das nicht für die meisten? Das Problem mit mir ist: Ich bin Perfektionist und koche zugleich sehr intuitiv. Wie groß ein Knödel werden soll, weiß ich erst, wenn ich den ersten forme. Alle anderen müssen dann genauso groß sein. Wann Fleisch und Gemüse gesalzen werden, folgt einem festen Schema. Wenn das der oder die andere zu einem anderen Zeitpunkt macht, kann mir das das ganze Essen verderben.

Spätestens wenn ich ein Gericht das zweite Mal koche, folgt die Zubereitung Routinen, die ich leider auch nach Gusto verändere. Ich bin bedauerlicherweise – auch für mich selbst – völlig unberechenbar. Vor einiger Zeit musste ich das bei einem Risotto mal wieder bemerken. Jahrelang habe ich, nachdem der Reis noch ein paar Minuten in dem Soffritto aus klein geschnittenen Zwiebeln und Sellerie (und ich meine wirklich klein geschnitten) mitgebraten ist, mit einem Glas Weißwein abgelöscht, sobald die Körner leise zu knacken beginnen. Seit ein paar Monaten behalte ich zwei, drei Schluck im Glas, um sie kurz vor Schluss, noch vor Butter und Parmesan, in die Reisschlotze zu gießen. Die fruchtige Säure schmeckt dann etwas mehr vor und gibt vor allem vegetarischen Risotti – mit grünem Spargel, Fenchel, Roter Bete – eine feinere Note. Bei schwereren Winter-Risotti – mit Radicchio, Salsiccia oder Blumenkohl – ist es egal. Sie wollen vor allem herzhaft werden.

Das ist nur ein Beispiel von unzähligen kleinen Details, auf die ich beim Kochen achte – und die ich laufend perfektioniere. Ob sie sich tatsächlich im Geschmack auswirken? Subjektiv auf jeden Fall. Diese Marginalien fallen mir aber meist erst so richtig auf, wenn ich mit anderen kochen muss – und der andere genau diese entscheidenden Details vergisst. Dabei liegen sie doch auf der Hand.

Kommunikation hilft wie so oft im Leben. Und Arthur ist ein großer Kommunikator. Er ist, wenn er kocht, eigentlich nie still. Er kommentiert ständig, was er gerade tut, erklärt, wo er was entdeckt hat, in welchem Kochbuch er diesen Trick gefunden hat oder jenen, holt eine Mandoline aus der Schublade und erzählt zum x-ten Mal, dass der Gurkenhobel, wie er in seiner Familie heißt, schon seiner Großmutter gehört hat und wie er von ihr gelernt hat, damit zu arbeiten: »Pressen verboten.«

Kennengelernt haben wir uns während der Studienzeit. Nach vier Semestern hatte ich die Kakerlaken im Studentenwohnheim satt. Mein Nachbar hatte gerade Techno entdeckt, und wenn er aus dem Klub nach Hause kam, wummerten mich die Beats aus dem Bett. Und irgendwie hatte Alexis' Bombenlamm nicht nur das Ofenfenster zerstört, auch in mir war was gesplittert.

Es war kein Inserat. Arthur und ich lernten uns auf der Party eines gemeinsamen Bekannten kennen, wir redeten über – na was wohl? –, und

Arthur lud mich nach ein paar Tagen zum gemeinsamen Kochen und Essen ein. Wir waren Gleichgesinnte, und da wir uns am Herd auf Anhieb gut verstanden, wuchs bei ihm die Idee, das große Zimmer in seiner Zweizimmerwohnung, das als Arbeits- und Gästezimmer vorgesehen war, das er aber doch nie benutzte, an mich zu vermieten. Ja, er glaubte anfangs sogar, dass er wegen seiner neuen Freundin überhaupt sehr selten zu Hause sein würde. Aber daraus wurde nichts. Und das lag nicht an Isabel.

Bei meinem Einzug gab es Käsespätzle. Arthur half mir, die Umzugskartons, meine Matratze und den Schreibtisch in die Wohnung zu bringen. Das Auspacken dauerte nicht lange. Als ich meine Espressomaschine – damals eine Gaggia Classic mit schwarz emailliertem Kubus – in die Küche trug, stand auf dem Gasherd schon ein großer, dampfender Topf, und Arthur füllte eben den Spätzleteig in die Reibe. Er erklärte mir, für richtige Spätzle käme es auf das genaue Tempo an – ratschte man den Schlitten zu schnell auf der Reibe hin und her, bekäme man nur Knöpfle, und ging dann ans Werk, um mir das vorzuführen. Erst als er das dritte Mal Teig nachfüllte, merkte ich, dass ich immer noch die doch ziemlich schwere Kaffeemaschine in den Armen hielt.

Die eineinhalb Jahre, die wir zusammenlebten, kann man als ein einziges Kochduell beschreiben. Arthur machte Spätzle selbst, ich musste mit Semmelknödeln kontern. Arthur steckte ein Schäufele in den Ofen, ich machte am nächsten Wochenende einen Schweinekrustenbraten. Arthur konterte mit einem Sauerbraten, ich begrub eine Dorade in Meersalz.

Erst nach einem halben Jahr kam raus, dass es für jeden eigentlich das erste Mal gewesen war. Arthur hatte die Spätzlereibe schon seit einem dreiviertel Jahr ungenutzt im Küchenschrank liegen gehabt, für das Schäufele-Rezept sogar einen Wirt in seinem Heimatort bei Pforzheim angerufen, ich mich für den Schweinekrustenbraten im *Bayerischen Kochbuch* informiert, für die Semmelknödel meine Oma kontaktiert, die mir riet, die Knödel vor dem Kochen in Mehl zu wälzen, dann weichen sie im Kochwasser nicht so schnell auf.

Die Dorade misslang mir. Ich wusste nicht, dass das Meersalz mit Eischnee vermischt werden muss, um wirklich wie Gips um den Fisch zu verkleben. Es brauchte etwa drei Monate, bis wir uns gestanden, in welche Abenteuer wir uns beide geworfen hatten, um uns gegenseitig zu übertrumpfen. Und weil das, was wir produzierten, immer mehr und immer aufwendiger wurde, luden wir Freunde zum Essen an unseren kleinen Vierertisch in der Küche ein. Und Isabel, deren Wohnung Arthur gedanklich schon zu seinem Hauptwohnsitz erkoren hatte, zog nun mit ihrem kleinen Hund Biggi, eine unter Diabetes leidende, nach Schokolade süchtige Yorkshire-Dame, bei uns ein.

Dass aus der Konkurrenz Kooperation wurde, lag an Isabel. Denn ich glaube, es war uns beiden ein bisschen peinlich mit unseren Überbietungswettkämpfen. Es war auch für niemand anderen zu verstehen. Das Duell war ein Privatissimum. Aber es war unübersichtlich. Isabell runzelte die Stirn, wenn Arthur mit einer noch besseren, teureren Mandoline aus dem Küchenladen nach Hause kam oder ich einen großen, schweren Schmortopf anschleppte. Weil die Küche zu klein war, stapelte sich Küchengerät in unseren Zimmern, und im Winter wurde der Balkon erweiterter Kühlschrank.

Natürlich hatte auch Arthur seine Eigenheiten. Brot wurde bei ihm nicht eingepackt. Er legte es einfach mit der Schnittfläche auf das Holzbrett. Er verfocht hartnäckig die Meinung, so bleibe die Kruste hart und der Kern weich. Und er hielt sogar daran fest, obwohl sich eine Maus über einen Brotlaib hergemacht hatte. Die Nagetiere waren unsere ständigen Mitbewohner, unsere Wohnung lag über einer Bäckerei in Bornheim. Als ich nach einem langen Urlaub in den Semesterferien wieder nach Hause kam, hatte Arthur einen halben Laib in der Küche zurückgelassen. Ich hob ihn hoch, warf ihn fast in die Luft, weil ich mit mehr Gewicht gerechnet hatte. Die Maus hatte das Steinofenbrot schon fast entkernt. Sie floh über meinen Unterarm.

Arthur briet auch Speckwürfel ohne Fett an, hatte eine Leidenschaft für Rosenpaprika, ohne das bei ihm kein Gericht rund war. Mindestens eine Prise musste in die Tomatensauce, fast ein Teelöffel mehr in die Panade für Wiener Schnitzel, auch in die Salatsauce kam etwas davon, und einmal experimentierte er sogar damit bei Vanillepudding – »einfach wegen der Farbe«. Wenn ich kochte, räumte ich die Paprikadose als Erstes ganz hinten ins Regal. Ich wollte nicht, dass er auf den Gedanken käme, mir damit irgendetwas zu »verfeinern«.

In unserem unausgesprochenen Wettbewerb wollte sich kein Gewinner abbilden. Es gab natürlich immer Tagessiege, auch Wochengewinne, aber insgesamt war der Erfolg gleich verteilt. Arthur beherrschte die badische Küche, war ein Meister bei Fischgerichten, ich konnte besser Risotto, natürlich die bayerische Küche und kochte auch weiter, was ich im Wohnheim gelernt hatte. Wäre es ums Gewinnen gegangen, hätten wir beide uns immer mehr auf diese Stärken verlassen. Aber das war uns zu eintönig. Also begannen wir, uns gemeinsam an den Herd zu stellen.

Dennoch ist bis heute einer der Chef, wenn wir zusammen kochen. Es gibt währenddessen keinen Rollentausch – und wenn wir nach dem Kochen Pizza bestellen müssen. Bemerkungen und Rat gibt es nur, wenn der andere fragt. Das war und ist bis heute eine ebenso unausgesprochene Regel in der Küche. Also schneide ich gehorsam Zwiebeln und Karotten und was noch so für die Mise en Place gebraucht wird, während Arthur über dem Kochbuch gebeugt steht, liest, das Rezept kommentiert und justiert. Sein rotes Pulver, heute meist Rauchpaprika, das er immer noch ab und an mit dazugeben muss, rühre ich nicht an. Das muss er selbst machen. Nur manchmal kommentiere ich: »Haben wir nicht Paprika vergessen?«

Ein kleines Duell ist bis heute geblieben. Weil wir uns so wenig beim Kochen unterscheiden, wurde das Abspülen zum Wettbewerb. Zu Kochen und gleichzeitig die Küche sauber zu halten, das habe ich mit Arthur gelernt und in den Exzess getrieben.

Es gibt Menschen, die haben meine Autorität in der Küche akzeptiert. Aber sie möchten trotzdem so gern unterstützen. Sie wuseln deswegen um mich herum, waschen ab, räumen auf. Nett gemeint. Aber es kommt die Situation, da brauche ich ganz schnell den Kochlöffel, der genau links neben den Kochplatten liegt, weil die Hähnchenkeule in der Pfanne sonst zu dunkel wird. Ich greife ins Leere. Ich lerne gerade, in solch einer Lage die Tobsucht herunterzuschlucken und die Keule mit der Hand zu wenden. Anschließend suche ich mir den Kochlöffel wieder aus der Spüle.

Arthur und ich machen inzwischen auch den Abwasch gemeinsam. Hinterher.

Erinnerung

Kennen Sie diese Situation? Menschen sitzen am Tisch, der erste Hunger ist gestillt, das Gespräch nimmt wieder Fahrt auf, und dann kommt die Rede unweigerlich auf den Ekel.

Ich erlebte sie jüngst wieder bei unserem traditionellen Adventsessen. Es gab – ganz französisch – Enten-Confit, Kartoffelgratin und Rotkohl. Marianne und ihre neue Freundin waren da, Stefan und Ingeborg mit ihrer Tochter Lily. Auch mein Kochpartner Arthur, er hatte noch einen Bekannten mitgebracht. Neun Leute, eine schöne Tafel.

Ich genieße es wie jeder Koch, wenn beim Essen für ein paar Minuten Ruhe ist. Alle beschäftigen sich mit ihrem Teller, schmecken, genießen. Ich bin niemand, der das dann laut kommentieren muss: »Es ist so ruhig, dann schmeckt's wohl.« Mir hat so ein Satz schon immer das Essen verdorben. Zeitweilig hatte ich regelrecht davor Angst, zum Beispiel bei meiner Großmutter. Sie sagte das ständig. Und ja, es schmeckte. Aber gleichzeitig rissen sich ihre Gäste gerade mächtig zusammen, bemüht um ein angemessenes Esstempo. Entweder ganz langsam, um nicht in ein paar Sekunden die nächste Scheibe blutiges Roastbeef auf die blau-weißen Teller aus Meissener Porzellan gespießt zu bekommen; oder, wie wir Kinder, ganz schnell. Ohne drei bis vier Stücke von dem noch fast rohen Fleisch zu essen akzeptierte sie nicht, dass wir aufstanden, eine doppelte Bauarbeiterportion Bratkartoffeln inklusive. Roastbeef bei meiner Oma war Leistungssport. Nicht nur der Bauch tat nach so einem Essen weh, auch die Zähne schmerzten.

Und ich weiß nicht, was sie oder andere Frauen damit bezweckten, wenn sie auf die Stille am Tisch hinwiesen: War das *fishing for compliments*? Oder war es ihnen unangenehm, dass auf einmal niemand mehr sprach? Hatten sie Angst vor dem großen Schweigen?

Vielleicht war es beides. Mir jedenfalls verdarb der Satz »Wenn es so ruhig ist, muss es ja schmecken« zeitweise sogar den Appetit. Einmal ließ ich sogar laut das Besteck fallen, weil eine Tante meine kleine genießerische Andacht wieder gestört hatte. Unter den Frauen in meiner Familie wird der Satz wie ein Vermächtnis weitergegeben. Meine Tante sah mich entgeistert an, als sie mein ungehaltener Blick traf.

Heute habe ich für diese schrecklichen neun Wörter mehr Verständnis, auch wenn sie mir nie über die Lippen kommen würden. Denn je länger die Stille am Tisch, so meine Beobachtung, umso wahrscheinlicher entspinnt sich anschließend ein Gespräch über die widerlichsten Restauranterlebnisse und Esserfahrungen. Was ich stets mit einer unappetitlichen Faszination bestaune.

Schon am Tisch meiner Oma war das so. Fast unweigerlich mischte sie sich zehn Minuten, nachdem es ihr zu ruhig an der Tafel gewesen war, wieder ins Gespräch ein. »Das wird aber jetzt ein bisschen zu landwirtschaftlich«, gerade als wir uns wohlig über zu zähe Schnitzel gruselten oder von einer Pommesbude erzählten, aus der man mit einem Fettfilm am ganzen Körper hinausging.

Beim Adventsessen fing Ingrid mit den landwirtschaftlichen Themen an. »Brandenburger Landente. Da muss ich immer an einen Gasthof denken, da schimmerte es unter der Kruste noch blau und grün durch.« – »Und am nächsten Tag waren wir den ganzen Tag auf dem Klo«, platzte ihre Tochter Lily kichernd heraus. Das Gelächter steigerte sich, als Marianne erzählte, wie sie in einem Pekinger Lokal Szechuan-Ente gegessen habe, die Schärfe des Gerichts aber erst am nächsten Tag ziemlich weit unten in ihrem Körper gespürt habe. Und weil wir gerade in China waren, kam das Gespräch auf gegrillte Riesenheuschrecken und Skorpione auf den Nachtmärkten. Die Sache hat eine gewisse Zwangsläufigkeit.

Woher kommt diese Obsession, sich gegenseitig mit Splattergeschichten übers Essen zu überbieten, gerade, wenn es am besten schmeckt? Und ist es wirklich ein Bestandteil vor allem deutscher Esskultur? Ich wenigstens bin davon überzeugt.

Hier ein Erklärungsversuch.

Die Splattergeschichten werden genau deshalb erzählt, weil niemand echte Worte findet für das, was vor ihm auf dem Teller liegt. Es ist sozusagen eine *Contradictio in Adjecto*, die hier stattfindet, ein gelebtes Oxymoron. Etwa so, als ob man sagen wollte, das Essen sei scheußlich gut oder verdammt lecker, gerade aber das »verdammt Scheußliche« wird dann mit Worten und Erzählungen ausgekleidet. Menschen haben immer mehr Worte für das, was ihnen nicht behagt, als für das Schöne und Gute. Gleichzeitig, so bilde ich mir ein, teilt man im Genuss einen sehr intimen Moment. Und wenn die Münder offen stehen und man am liebsten Schmatzen und Schlürfen hören will, um die eigene Lust zu steigern, fallen noch ganz andere Tabus. Ja, ich empfinde es geradezu als kulinarisches freudsches Versehen, dass genau dann Fäkalthemen und Ekelerinnerungen auf den Tisch kommen. Ich kenne nur wenige Menschen, die in solchen Momenten, eben weil es so gut schmeckt, durchweg positive Geschichten erzählen. Arthur ist so einer. Er liebt, ebenso wie ich, die erzählerischen Sahnehäubchen.

Deswegen war ich froh, als er das Thema wechselte. »Ich weiß noch, wie wir das erste Mal mit dir Confit gegessen haben. Ich kannte das gar nicht. Das war in einem kleinen Restaurant in Charlottenburg.«

»Ja«, stieg ich ein, »nach dem Dessert, wenn er genug getrunken hatte, begann der Wirt, Chansons zu singen. Er stand hinter dem Tresen, dekantierte seinen Beaujolais in große Karaffen.

Erst summte er nur, mit der Zeit wurde er immer lauter.«

»Als wir fragten, wie die Entenkeulen gemacht werden«, erzählte Arthur, »da holte er den Koch. Der verriet uns, dass die Keulen erst einmal in Salz und Kräutern eingelegt werden. Dann lange im Ofen bei mäßiger Hitze gar gezogen und schließlich im eigenen Fett eingelegt werden«, erinnerte sich Arthur. »Eine uralte Methode zur Haltbarmachung. Man muss nur das Fett abschmelzen und die Keulen kurz unter den Grill legen, um sie auf den Tisch zu bringen.« Und wir beide erinnerten uns, wie wir anfingen, Notizen zu machen; nach der Menge an Salz zum Pökeln fragten, den Kräutern etc. Aber der Koch, Francois hieß er, sagte: »Kauft das Zeug doch einfach in der Dose. Nehm ich auch, wenn mir das Confit mal ausgeht.«

Lachend erzählte Arthur weiter von meinem Geburtstag, den wir ein halbes Jahr später bei Gerard, dem Wirt, gefeiert hatten: Sein Lokal war klein, hatte nur 14 Stühle. Genau richtig für eine intime geschlossene Gesellschaft. Am Ende sangen wir mit Francois »Sur le pont« und »Je ne regrette rien« im Kanon. Die einzigen französischen Lieder, die wir kannten.

Das Gedächtnis ist eine seltsame Angelegenheit. Es braucht Trigger, um sich an etwas zu erinnern, und jeder Mensch hat seine ganz eigenen Gedächtnisstützen, wie ich mit Faszination beobachte. Meine Tante zum Beispiel gehört zu den Menschen mit einer sehr präzisen Erinnerung. Sie schreibt seit Jahrzehnten Tagebuch. Aber sie braucht ihre Aufzeichnungen gar nicht, wenn sie gefragt wird, in welchem Jahr dieses oder jenes passiert ist. Ihr Raster ist das Wetter. Sehr viele Ereignisse hat sie mit einer besonderen meteorologischen Situation verknüpft, irgendeinem Hitzemonat oder Jahrhundertwinter, und hat deshalb auch immer die Jahreszahl parat. Und sie irrt sich kaum.

Mich fasziniert das jedes Mal. Mein Datumsgedächtnis ist äußerst rudimentär. Trotzdem erinnere ich mich an sehr vieles. Meine – und übrigens auch Arthurs – Gedächtnisstütze ist das Essen.

So ziemlich jeder kann sich erinnern, wo er am 11. September war. Ich auch. Aber mir fällt als Erstes ein, was ich an dem Tag gegessen habe: nämlich die erste Kaffee-Granita meines Lebens, auf Lipari, einer kleinen Insel nördlich von Sizilien.

Es war an diesem Septembermorgen schon so warm, dass einem ein feiner Schweißfilm auf der Brust klebte. Daher schmeckten die süßen Eiskristalle der Granita, als stände ich mit einer Tasse Espresso an den Lippen mit den Schultern unter einem kalten Gebirgsbach. Absolute Schnelllöffel-Gefahr.

Das fällt mir zuerst ein, und dann erst, wie ein paar Stunden später der Hirnfrost einsetzte. Als ich aus einem Radio auf einer Fensterbank ein paar Fetzen aufschnappte – »Uniti Stati, Fuoco, Fumo« – und in die Gesichter der Einheimischen sah …

Das ist nicht nur so bei weltbewegenden Ereignissen. Meine persönliche Erinnerung setzt mit Lady-Curzon-Suppe ein. So nannte man in den 70er-Jahren Schildkrötensuppe. Es gab sie anlässlich der Taufe meiner beiden jüngeren Brüder. Ich habe an das Sakrament in der Kirche keine Erinnerung mehr, nur dass mir viele Erwachsene beim folgenden Essen ihre Suppentasse zuschoben. Es erheiterte alle, dass ein kleiner Junge so was Exotisches nicht nur aß, sondern auch richtig mochte. Es war die Zeit von Boeuf Stroganoff und Champignoncremesuppe, zum Nachtisch gab es wahrscheinlich Birne Helene. Mag sein, dass die Schildkrötensuppe einigen Gästen sogar suspekt war, ich habe den Geschmack noch immer auf der Zunge. Es war ein Festmahl.

Es gab so viel davon, dass ich nach einem halben Dutzend Portionen satt und ermattet unter den Tisch schlüpfte und mich neben den Hund meines Großvaters zu Füßen der Festgesellschaft legte. Baffi, so hieß die Boxerin, behandelte mich wie eine Mutter. Ich lag neben ihr, mit vollem Suppenbauch, und immer, wenn ich aufstieß, schnupperte der Hund. Vielleicht schmeckt die Lady-Curzon-Suppe in meinem Gedächtnis auch deswegen ein ganz kleines bisschen nach Hundefell.

Wie ich diese Nuance in die Suppe bringen soll, weiß ich nicht, sonst aber könnte ich die Suppe heute noch eins zu eins nachkochen. Es war, davon bin ich heute überzeugt, ein Imitat. Eines, das gar keine Schildkröte enthielt. Wie auch, die Dosen gab es seinerzeit in jedem Supermarkt.

Eine Rinderkraftbrühe, mit einem guten Schuss Worcestersauce, etwas Maggi, Sherry und, falls die Farbe noch nicht ganz stimmt, Zuckercouleur, also Karamell, das war das Flüssige in den Suppentassen. Kleine Fleischstückchen schwammen darin herum, die das Schildkrötenfleisch darstellen sollten. Ich bin mir heute sicher, das war klein geschnittenes Rindermark. Die Suppe schmeckte nicht im Entferntesten fischig oder irgendwie nach Meer. Das würde ich heute anders machen: etwas Austernsauce, Anchovis oder Dashi-Flocken, also getrockneter, geriebener Bonito, der in Japan auch für die Bereitung von Brühen dient. Fertig wäre die Turtle Soup – und wahrscheinlich sogar ein bisschen authentischer als das Zeug, das in den 70ern vor allem aus der Dose in den Kochtopf kam.

Ich brauche für viele Reisen kein Fotoalbum. Es ist ein Gericht, mit dem der Film startet. Mein erster Korsika-Urlaub: Cannelloni mit einer scharfen und zugleich orientalischen Hackfleischfüllung. Meine erste Arbeitswoche: In der Kantine gab es drei Tage hintereinander Tote Oma.

Nur nach der Jahreszahl darf man mich nicht fragen. Da müsste ich überlegen.

Seitdem ich festgestellt habe, dass ich mir die meisten wichtigen Erlebnisse damit merke, was um den Tag rum auf dem Teller lag, erinnere ich mich auch gern an schlechtes Essen. Und betreibe Erinnerungsarbeit. Allerweltstage werden mit Allerweltsessen verabschiedet. Aber es kann sogar ein gutes Buch sein, das mich an den Herd zwingt. Oft funktioniert das ganz unbewusst. Sartres *Der Ekel* riecht in meinem Kopf nach Zwiebelsuppe, der *Ulysses* nach Nierchen, weil ich das Leibgericht von Leopold Bloom nachkochen musste, und W.G. Sebalds großartiger Roman *Austerlitz* – ja, es ist ein bisschen traurig – nach angebranntem Blumenkohl.

Als wir uns kennenlernten, bemerkte meine künftige Lieblingsesserin einmal, es sei auffällig, wie einseitig ich um sie werbe. Ständig sei ich am Kochen oder schlage Restaurants vor. Aber sie lag falsch: Jeder Tag war so gut, ich wollte das einfach auf meine Art festhalten.

Zeit

Seit ein paar Wochen muss mein Kühlschrank, den ich Herr Siemens nenne, immer wieder ein Ticken auf seiner Tür ertragen. Er tut das mit stoischer Ruhe, ich weniger. Ich versuche, dieses Geräusch so gut es geht zu ignorieren, denn es gibt kein Gerät, zu dem ich eine so anstrengende Beziehung pflege wie zum Küchenwecker. Aber manchmal ist es unvermeidlich, ihn zu stellen.

Als mein alter Küchenwecker nach langer Zeit ausgetickt hatte, sah ich mich nach einem neuen um. Ich war erstaunt, wie viele dieser Eieruhren es noch gibt, also die analoge Variante. Wahrscheinlich geht es vielen so wie mir. Mit fettigen oder nassen Fingern das Smartphone bedienen zu wollen, um einen Countdown einzustellen, ist eine unerfreuliche Angelegenheit. Das Glas hat Verständnisprobleme. Überhaupt: Touchpads in modernen Küchen, vor allem auf Ceranfeldern teurer Herde, sind das Letzte. Es ist das Murphysche Küchengesetz: Wenn es schnell gehen soll, weil die Milch am Überkochen ist, wischt man sich einen Wolf, bis die Herdplatte reagiert. Um die Milch ist es dann schon geschehen. Die Eieruhr hingegen lässt sich aufziehen, tickt dann ihre Zeit runter, und ich kann das runde Ding aktivieren, ohne mir vorher die Finger gewaschen zu haben.

Eieruhr ist allerdings der falsche Begriff. Es heißt Kurzzeitmesser, wie mich die Verkäuferin im Kaufhaus aufklärte, als ich nicht gleich mit dem exakten deutschen Begriff rüberkam. Dann führte sie mich zu einer ganzen Regalwand. Da gab es zum Beispiel kleine Plastikeier, die, mit ins brodelnde Wasser geworfen, nach sechs Minuten zu piepsen beginnen oder – bei der Extraausführung für Spaghetti – den »Gefangenenchor« aus Verdis *Nabucco* abspielen.

Ja, warum überhaupt ein Kurzzeitmesser? Das liegt, meine ich, an dem gerade bei Männern oft zu beobachtenden Hang, in der Küche auf äußerste Präzision zu achten. Ich bin von solchen Akkuratheiten auch nicht frei. Irgendwo steckt in mir zum Beispiel das Gen, das ein wachsweiches Frühstücksei verlangt, genau sechs Minuten und 25 Sekunden gekocht bzw. auf 68 Grad Celsius Kerntemperatur erhitzt zu werden, weil genau dann der Dotter stockt. Das Beispiel ist absichtlich gewählt. Weil sich der männliche Beherrschungsdrang in der Küche zuerst und am häufigsten am Frühstücksei manifestiert. Deswegen ist Eieruhr auch der bessere Begriff. Und dabei bleibt es, liebe Kurzzeitmesserverkäuferin. Punktum.

Doch wie unschön, wenn sich das Eigelb nicht an solch minutiöse Regeln halten will. Passiert ja ständig, weil kein Ei dem anderen gleicht. Oder die Kartoffelscheiben nicht parieren, auch wenn das Rezept für ein Blitz-Gratin vorschreibt, sie exakt fünf Minuten zu blanchieren, bevor sie unter einer Käsedecke für 20 Minuten in den Ofen kommen. Aber nach dem Klingeln ist die Geschichte immer noch nicht gar. Da kann man nur eins machen. In den »Gefangenenchor« von Verdi einstimmen. »Va, pensiero ...«

Die Wahrheit ist: Ich begebe mich nur bei ausgewählten Gelegenheiten in die Gefangenschaft der Eieruhr. Denn sie symbolisiert für mich den Irrglauben, in der Küche sei alles nach zeitlich-physikalischen Gesetzen beherrschbar. Und wenn die Pizza trotz genauer Beachtung des Zubereitungshinweises nicht knusprig aus dem Ofen kommt oder Rezepte nicht funktionieren wollen, ist der Abend gelaufen. Es ist ein Trugschluss, dass man besser kocht, wenn exakt geschnitten, genau gemessen und präzise die Zeit bestimmt wird. Das dient alles nur der Reproduzierbarkeit. Aber schmeckt es wirklich besser?

Ich finde, Zeit ist überhaupt eine Zutat, von der man nicht genug haben kann, und die oft stiefmütterlich behandelt wird.

Vor ein paar Jahren sind Kurzzeitkochbücher Trend gewesen. Das 20-Minuten-Kochbuch, das 30-Minuten-Kochbuch. *You name it.* In den Maggifix-verrückten 90er-Jahren gab es sogar einmal eine TV-Kochshow, in der zwei Teams binnen 15 Minuten ein dreigängiges Menü zubereiten sollten. Aber niemand ist bisher auf die Idee gekommen, mal ein Fünf-Stunden-Kochbuch auf den Markt zu bringen.

Warum das so ist, zeigt ein Blick in die Statistik. Mit Essen und Essenszubereitung verbringen die Deutschen durchschnittlich eine halbe Stunde am Tag. Da sind Frühstück, Mittagessen und wahrscheinlich sogar das Aufreißen eines Schokoriegels mit einberechnet. Ich finde das unglaublich. Ich könnte mich bemühen, wie ich wollte: Keine Ahnung, wie man das schaffen soll. Ich brauche länger, und das ohne jede Reue. Gut, mein Leben findet ohnehin in der Küche statt. Ich schreibe sogar meine Texte meist unter den geduldigen Augen von Herrn Siemens.

Wie wichtig Zeit beim Kochen ist, habe ich auf relativ harte Tour und früh gelernt. Ich war etwa zehn, als der Pommes-Topf, so nannten wir die offene Fritteuse, sich selbst entzündete. Es handelte sich dabei um einen alten gußeisernen Topf mit passendem Sieb. Das Biskin darin durfte nach Gebrauch immer hart werden und wurde dann samt Inhalt wieder weggestellt, bis die Söhne wieder nach Pommes verlangten. Es war ein warmer Frühsommertag, und meine Mutter war wohl etwas in Eile. Sie war noch Bügeln gegangen, nachdem sie den Topf mit dem Biskin auf den Herd gestellt hatte. Als wir Kinder das Unglück entdeckten, schossen die Flammen schon meterhoch an die Decke. Wir erstarrten vor Schreck. Meine Mutter trug den Topf dann mit bloßen Händen ins Freie, um Schlimmeres zu verhindern, und verbrachte die nächste Woche mit dick bandagierten Händen im Krankenhaus.

In meiner Erinnerung habe ich seitdem auf

jeden Topf Spaghetti aufgepasst, wenn meine Mutter die Küche verließ. Und später auch selbst gelernt, was folgen kann, wenn man sich beim Kochen keine Zeit lässt und unkonzentriert ist. Jedes Mal, wenn ich mir in die Finger schnitt, war es auf einen Mangel an Zeit zurückzuführen. Eigentlich hätten die Kurzzeitkochbücher gleich ein Erste-Hilfe-Set mitliefern sollen.

Mit Zeit kochen, heißt schön kochen. Denn man muss schon wirklich große Routine haben, damit einem am Herd langweilig wird. Ich schaffe das nicht einmal bei Spaghetti mit Pesto.

Zeit zu haben heißt: Man kann öfter in den Topf gucken als ins Rezept. Man kann probieren. Man hat Muße, sich zu überlegen, wie die Zwiebel, der Knoblauch und die Paprika geschnitten werden. Man holt das Steak früher aus dem Kühlschrank und lässt dem Fleisch Zeit, auf Zimmertemperatur zu kommen. Das bekommt dem Gericht, denn der Hitzeschock in der Pfanne ist nicht so immens. Schön zu kochen heißt auch: Wenn ein Gericht sich in jedem Zustand appetitlich ausmacht und anfühlt, dann gelingt es meist auch. Und dafür braucht man die Zutat Zeit. Ich wette mit jedem: Dass eine Sauce bolognese gelingt, kann man schon nach einigen Minuten erschmecken, auch wenn sie noch Stunden schmoren wird, um richtig gut zu werden. Würzig, leicht untersalzen sollte sie sein, das kocht sich wunderbar ein.

Und klar: Es gibt Situationen, in denen auch ich schnell sein will. Aber Kochen mit einem großen Vorrat Zeit ist mir lieber. Ich nenne das »bildendes Kochen«. Wenn ich mich beeilen muss, dann wechselt die Verrichtung irgendwann in den Reparaturmodus. Irgendwas läuft aus der Reihe, und man konzentriert sich nur darauf zu flicken und zu kitten und das Gericht irgendwie noch hinzubekommen. Es gibt Menschen, die sagen jetzt wahrscheinlich: Ja, so koche ich immer. Aber nicht mit Spaß an der Sache, da bin ich mir sicher.

Zeit ist natürlich auch beim Kochen relativ. Ist Ihnen schon einmal aufgefallen, dass in Kochbüchern die Zeitangaben immer klein gedruckt sind? Ich habe mich lange gefragt, warum die Autor*innen die kostbarste Zutat für ein Gericht verbergen wollen. Ich weiß heute, es ist die komplexeste Aufgabe, die man als Rezepteschreiber bewältigen muss. Auch deswegen ist das Enttäuschungspotenzial von Kurzzeitkochbüchern riesig. Ein Roastbeef-Sandwich in 20 Minuten: Jamie

Oliver geht das leicht von der Hand. Ich habe dafür beim ersten Mal 50 Minuten gebraucht, für mein erstes Risotto sicher eine ganze Stunde. Was Zeit sparen hilft am Herd sind nicht Bücher, sondern Übung. Wer Übung hat, braucht schon weniger Zeit, um ein Rezept zu lesen, das Wesentliche zu erfassen und sich einen Plan zu machen. Mein Risotto-Rekord liegt bei 20 Minuten. Aber ich habe dabei nicht das Gefühl, ins Schwitzen zu kommen. Der Grund: Es gab Jahre, da habe ich wöchentlich mindestens einmal Risotto gekocht. Für dieses Gericht habe ich immer alles da. Und wenn mal eine Zutat fehlt, wird mir komisch. Gerade jetzt fällt mir ein, ich habe keine Geflügelbrühe mehr im Eis. Ich brauche wieder ein Suppenhuhn.

Was für eine wertvolle Zutat Zeit ist, vor allem viel davon, kann man bei Schmorgerichten lernen. Nehmen wir ein Gulasch: Ich finde, es ist nicht ausschlaggebend, wie viel Zwiebeln man dafür nimmt, ob das Fleisch hell oder dunkel angebraten wird, ob und welcher Wein dazukommt, ob Brühe oder nur gesalzenes Wasser. Was aber wichtig ist: Dass das Gulasch lange und sanft schmoren darf. Das meine ich wörtlich. Ich beobachte die Blasen im Topf. Sie sollen langsam aufsteigen und sich elegant auflösen. Nicht dieses aggressive, spritzende Blubbern. Das feine Simmern, dem man zusehen kann wie einem unaufgeregten Feuer im Kamin, das eine fast meditative Wirkung auf mich hat: Das ist, was ein Gulasch braucht. Stunden-, wenn nicht tagelang.

Arthur hat mir neulich erzählt, er habe fünf Tage an einem Gulasch gekocht. Genial. Denn jeder weiß doch, dass Schmorgerichte am nächsten Tag immer noch besser schmecken. Warum also nicht aus dieser Erfahrung ein Rezeptbestandteil machen? Also hat Arthur am ersten Tag das Gulasch gekocht, und an den nächsten Tagen das Gericht immer wieder eine Stunde aufgekocht und anschließend wieder kalt gestellt. Ich durfte probieren: Die Sauce war glänzend und sämig wie geschmolzene Schokolade, und das Fleisch zerging im Mund. Ich habe das Gericht sofort auf meine Long-Cooker-Liste gesetzt.

24 Stunden, und zwar ununterbrochen, das war bisher die längste Zeitspanne, die ich mit einem Gericht zugebracht habe. Das war Pulled Pork, ein amerikanisches Barbecue-Gericht. Dafür wird Schweineschulter ein paar Tage in einer Trockenmarinade aus Kräutern und Gewürzen eingelegt und dann eben über viele Stunden heiß

geräuchert, bis die Kerntemperatur im Fleisch stabil bei 96 Grad Celsius liegt. Je nachdem, wie man einheizt, gelingt das in neun Stunden, wenn man sich über Nacht Zeit nimmt, aber dann doch im Campingstuhl um vier Uhr morgens auch mal länger einnickt und verschläft, Holz nachzulegen.

Aber je großzügiger man die Mengenangaben bei der Zeit in einem Rezept ansetzt, umso mehr verzeiht das Essen am Ende Fehler und Unkonzentriertheiten. Es gleicht sich alles aus. Und ich bilde mir ein, man schmeckt am Ende, wie liebevoll und verschwenderisch man mit dieser Zutat umgegangen ist. Klar, es ist wie mit dem Salz. Gerichte lassen sich gewissermaßen auch *verzeiten*, aber davon an anderer Stelle.

Weil Zeit eine so große Rolle spielt, vertraue ich in der Küche der gefühlten Zeit mehr als irgendwelchen Weckern. Lange habe ich nach Zigarettenlängen Nudeln gekocht. Das geht so: Spaghetti ins Wasser, ein bisschen warten, bis der Topf wieder kocht, die Nudeln unters Wasser drücken und dann gemütlich eine rauchen. Anschließend probiert man ein-, zweimal – und bewegt sich langsam hin zur je nach Koch variierenden Vorstellung davon, was al dente ist –

ein noch knackiger Nudelkern oder ein zarter Biss.

Auch bei anderen Gerichten ist eine Zigarettenlänge ein tolles Zeitmaß, beispielsweise um Crème brûlée zu karamellisieren oder ein Gratin zu überbacken. Ofengrill vorheizen, den Auflauf drunterschieben und sich dann eine anzünden. Man raucht keine Zigarette gleich lang. An der Bushaltestelle zieht man sie schnell durch, für die Zigarette nach dem Essen nimmt man sich Zeit. Und trotzdem funktioniert das Verfahren beim Gratinieren immer. Es ist magisch.

Ich möchte hier niemanden zum Rauchen animieren. Es gibt auch andere Zeitmessverfahren, die ich nutze. Etwa das *Streiflicht* in der *Süddeutschen Zeitung* zu lesen, die letzte *Tagesschau* zu streamen (super für Reis), eine Vinaigrette zusammenzurühren, Küchenwein aufzumachen und schon ein halbes Glas zu genießen.

Warum ich trotzdem noch Herrn Siemens einen Küchenwecker an die Brust gesetzt habe? Es empfiehlt sich, von Zeit zu Zeit die innere Uhr zu eichen.

Identität

Sie nannte sich Hazel, und sie wollte ein Zimmer in unserer WG. Sie war der erste Mensch, bei dem mir die Bedeutung von Essen als Identitätsmerkmal begegnete. Hazel, blonde Dreadlocks, Poncho in Regenbogenfarben, trug ihre Ernährungsvorliebe vor sich her, so wie einen der vielen Buttons, die am Schulterband ihrer Tasche pinnten.

Es war Mitte der 90er-Jahre, mein Jurastudium hatte mich inzwischen nach Berlin geführt und ging dem Ende entgegen. Charlotte, eine Logopädiestudentin aus Aschau, war zurück nach Bayern gegangen. Ihr Heimweh hatte schon die letzten Monate ununterbrochen zu bayerischen Abenden in unserer 3er-WG geführt. Wir hatten Schafkopfen gelernt, uns beigebracht, wie der Monaco Franze zu reden, kannten in Berlin den Bäcker mit den besten Brezen und hatten ein kleines

Kreuz vom Flohmarkt hoch oben in eine Küchenecke gehängt – ein Herrgottswinkel in Kreuzberg.

Nachdem Hazel das freie Zimmer besichtigt hatte, wollte sie noch in die Küche und den Kühlschrank sehen. Sie hatte sich als Veterinärmedizinstudentin vorgestellt. »Auf der Rückbank im Auto liegt ein toter Reiher«, sagte sie. »Damit muss ich gleich noch in die Pathologie, Sezierstunde.« Beim Blick in den Kühlschrank schreckte sie vor drei ungebackenen Leberkäsen zurück, die Reste unserer bayerischen Phase, deren Schluss wir mit einem Super-Heimatabend – Augustiner, Leberkäse, Kartoffelsalat und Haindling – begangen hatten.

Beim Anblick des schweinchenfarbenen Fleischbräts in den Aluminiumschalen schloss Hazel sofort wieder die Kühlschranktür. »Ich kann hier nur einziehen, wenn ich meinen eigenen Kühlschrank mitbringe«, sagte sie. Dann zeigte sie sofort auf den Herrgottswinkel. Unter dem Kreuz sei doch noch Platz.

Es stellte sich heraus, dass die sich auf Reiher spezialisierende angehende Veterinärmedizinerin auch auf einem sehr eigenen Ernährungstrip war. »Ich bin Pesco-Vegetarierin«, sagte sie, als wäre das so selbstverständlich, wie Fan von 1860

München zu sein. Das Wort war mir damals noch richtig fremd, klang nach einer schweren Form von Diabetes oder einer ganz seltenen Allergie. Wie gesagt, es war Mitte der Neunziger, Gluten- oder Laktoseunverträglichkeiten waren noch gänzlich unbekannt und noch nicht einmal McDonald's in unseren Kreisen wirklich verpönt. Ich fragte noch einmal nach.

»P-E-S-C-O-V-E-G-E-T-A-R-I-E-R«, wiederholte Hazel zum Mitschreiben und erklärte uns dann, dass das ganz einfach sei. Sie esse nur Gemüse und Fisch, und die müsse sie im Kühlschrank so lagern, dass nichts kontaminiert werde. Mit Milch hätte sie auch aufgehört, die würde einen fischigen Geschmack annehmen zusammen mit dem rohen Fisch. Und Thunfisch rieche auch schnell nach Salami oder Bierschinken, wenn er nicht extra gelagert werde.

Wir mussten erst einmal unsere Scheuklappen abnehmen. Zu unserer hochbayerischen Lebensabschnittsphase passten Wesen aus dem Wasser höchstens als Steckerlfisch, also am Stock gegrillte Makrelen. Ich hatte zwar schon mit Menschen mit seltsamen Ernährungsgewohnheiten zusammengelebt und dachte an Alexis' explodiertes Lamm und das morgendliche Kreischen von

Aurelias Körnermühle. Aber das waren eher Spleens gewesen.

Hazel setzte sich an den Küchentisch und begann ein Referat. Es war ihr mit ihrem kulinarischen Lebensstil sehr ernst. Ihren Vortrag kann man sich als Krypto-Version dessen vorstellen, was man sich heute so anhören kann, wenn Esser-Identitäten ans Licht kommen. Irgendwo zwischen Clean Eating, politischem Veganismus und Omega-3-Abhängigkeit.

Heutzutage bin ich es mehr gewohnt, dass sich mir Menschen mit ihren Ernährungskonfessionen vorstellen. Und obwohl ich mich damit immer wieder beschäftigen muss, sind diese ganzen Schulen und Lehren etwa so undurchdringlich wie die evangelikanische Szene der USA. Ob Paleo-Diät, Trennkost, Vollwerternährung, Ovo-Lacto-Vegetarismus, Frutarismus oder basische Küche: Die Unterschiede sind so ähnlich marginal wie bei Baptisten, Methodisten, Pfingstlern oder Adventisten.

Ich bin heute überzeugter Vielfraß. Es hat Jahre gekostet, mich aus meinen eingeengten Geschmackswelten zu befreien, einen fast übermächtigen Ekel gegen die meisten Lebensmittel zu domestizieren. Und es hat dazu geführt, dass ich die Welt vor allem über meinen Geschmack erkunde und kennenlerne. Es tut mir leid, aber wenn mir jemand kommt und erklärt, dass Weizen oder Zucker noch die ganze Welt umbringen werden, noch dazu mit einem dicken Berg geriebenem Messianismus darauf, geht mir jegliches Verständnis ab. Falsches Essen ist nicht der Grund für alles Unheil in der Welt. Und am guten Essen wird die Menschheit auch – leider – nie genesen.

Seit meiner vegetarischen Phase mit Anfang 20 verstehe ich allerdings, dass die Menschheit mehr auf Fleisch verzichten könnte, sich mehr Mühe machen sollte, bessere Zutaten zu finden, und überhaupt in unserem Teil der Welt öfter kochen könnte. Das bekommt dem Geschmack und übrigens auch der Linie. Und selbstverständlich bin ich kein Freund der Flugmango, von Chia-Samen oder Neuseeland-Lamm. Aber ein Anhänger des Pankower Ochsenherzens. Ich baue meine Zutaten zum Teil selbst an, im Kleingarten. Und bevor jemand auf die Idee kommt, dem ein Etikett zu verpassen, mache ich es lieber selbst. Ich bin Parzellist.

Der Vortrag der Sushiistin Hazel ging, ich rekonstruiere das nur grob, in etwa so: Als Tierärztin begegne sie ständig kranken Tieren und müsse sie auch töten, also einschläfern. Da sei ihr inzwischen der Appetit vergangen. Fische allerdings, mit denen habe sie im Studium und beruflich nichts zu tun. Die zu essen komme ihr in Ordnung vor. Ach ja, und sie habe vor Kurzem ein halbes Jahr in Tokio verbracht und da auch überhaupt nur Sushi gegessen und sich so wohlgefühlt wie noch nie im Leben. Die weiteren Stichworte waren Massentierhaltung, gute ungesättigte Fette und die Acrylamidgefahr bei allem, was in die Pfanne gelegt werde.

Uns wäre wesentlich lieber gewesen, Hazel hätte einfach nur von ihren Sushi-Erlebnissen in Japan erzählt. Und weil es so teuer war, das ständig im Restaurant zu essen, würde sie es sich jetzt eben selbst zubereiten. Und gar nichts anderes mehr mögen. Wir hätten eine Chance gesehen für eine bayerisch-japanische Vermählung. Warum nicht Steckerlfisch in Reis und Algenblätter packen? Oder unseren Gurkensalat mit Sojasauce und Ingwer aufpeppen? So was in der Art.

Aber Hazel musste jetzt wirklich schleunigst mit ihrem toten Reiher in die Veterinärmedizin. Der muss frisch bleiben, meinte sie. Wir sagten also zum Abschied, wir würden uns die Sache mit dem Kühlschrank wirklich überlegen. Als sich die

Tür hinter Hazel geschlossen hatte, sagte Richard, mein Mitbewohner: »Eigentlich komisch, warum so jemand dann auch noch ein Sticker trägt mit ›Save the whales‹.«

Wir suchten dann nach jemandem mit einem leichteren Spleen. Kerstin hatte eine Vorliebe für überreife, schon fast schwarz angelaufene Bananen. Aber das war okay.

Gemüseküche

Drei Freunde stehen in der Küche und reden über Gemüse. Bruno hält eine große Knolle Sellerie in der Hand und schlägt vor: »Backen wir ihn doch wie ein Stück Fleisch oder einen Kuchen. Ich würde ihn nicht mal schälen. Mal sehen, was rauskommt.« Michael sagt: »Wäre doch toll, wenn er von außen nach innen immer härter im Biss würde. Ich habe das neulich bei Teltower Rübchen erlebt. Die Spitze gerade so gar, noch recht knackig, das andere Ende zerging auf der Zunge.« Und während Bruno zur Gemüsebürste greift und die unansehnliche Knolle Sellerie schrubbt, bis die Haut ein zartes Grün zeigt, bringt Carsten noch das Thema Rauch auf, vielleicht von frischem Lorbeer, der mit im Ofen verglimmen darf. Kartoffeln, meint er, bekommen davon ein tolles Aroma.

Diese Szene stammt aus einem Traum, den ich mir mal eines Nachts wünsche. Es müssen nicht unbedingt Männer sein, die Gemüse zum Objekt ihrer Begierde machen, aber mit Männern wäre es doch was Besonderes.

Ich möchte an dieser Stelle mal die ganze Debatte um den Vegetarismus um eine Perspektive erweitern, die mir immer zu kurz kommt, nämlich die des Kochs. Und sogar etwas grundlegender: um die des Gemüses.

Wenn es um Vegetarismus geht, wie auch oft bei mir am Esstisch, dann steht die Frage im Raum: Darf man Fleisch essen und deswegen Tiere töten?

Das ist eine große und richtige Frage. Die Antwort darauf wäre ein anderes Buch, eines, das sich mit der Geschichte der menschlichen Ernährung, ihrer Zukunft, dem Klima, unserer Gesundheit und vor allem allerlei ethischen Fragen beschäftigen müsste. Um die Küche geht es dabei nicht. Die Erörterung würde sich sogar immer weiter daraus entfernen.

Wenn man aber drinsteht, den Herd in Reichweite und das Summen von Herrn Siemens im Ohr, dann ist die vegetarische Frage eine andere. Nicht: Darf man Fleisch essen?, sondern: Soll man Gemüse kochen? Und wenn ja, welches? Und wie? Hier wird für mich die Sache interessant. Denn um es einmal kurz zusammenzufassen: Fleisch zuzubereiten, das ist die langweiligste Sache der Welt und so richtig was für Faule, vor allem, wenn kein Gemüse ins Spiel kommt – auch wenn mir Bruno, Carsten und Michael, die drei Typen aus meinem imaginären Traum, gleich widersprechen werden.

Wenn ich faul bin, dann ist Fleisch die beste Sache der Welt. Ich gehe nach der Arbeit zum Metzger, kaufe ein dickes Steak, besorge Salat aus der Tüte. Zu Hause setze ich die Grillpfanne auf, und wenn sie nach zwei Minuten anfängt zu rauchen, lege ich das Fleisch hinein. Sechs bis acht Minuten drehe ich das Steak, lege es, damit es ruhen kann, für zehn Minuten in den vorgewärmten Ofen. In der Zeit decke ich den Tisch, mixe ein Dressing und hebe es unter den Salat, schneide ein paar Scheiben Weißbrot. Fertig ist ein hervorragendes Abendessen. Ich brauche keine Steaksaucen oder Dips, etwas Salz und Zitrone reichen, wenn das Fleisch von guter Qualität ist.

Wenn wir das Besteck weglegen, sagt mir meine Lieblingsesserin: »Schatz, aber morgen kochst du wieder, oder?« Und trifft bei mir ins Schwarze. Ich habe essen gemacht, aber gekocht? Eher weniger.

Wenn ich koche, und ich glaube, das gilt für alle Menschen, die am Herd stehen, dann dreht sich das Tun zu 90 Prozent um das Vegetarische. Ich treibe das Steakbeispiel mal weiter. Nehmen wir an, so ganz puristisch wie sonst würde es mir heute auf dem Teller nicht reichen. Ich möchte ihm einen asiatischen Anstrich geben.

Zum Beispiel so: Noch bevor die Pfanne auf den Herd kommt, schneide ich ein Bund Lauchzwiebeln in feine Ringe, nehme ein Stück Ingwer von der Länge meines halben Daumens und raspele es auf einer feinen Reibe. Lauch und Ingwer werden mit zwei Esslöffeln Reisessig, einem Teelöffel Salz, einem Esslöffel Sojasauce und sechs Esslöffeln Rapsöl gemischt, eine Prise Zucker darf auch noch dazu. Erst jetzt kommt das Steak in die Pfanne, denn das Frühlingszwiebel-Pesto braucht mindestens zehn Minuten, um Geschmack zu entwickeln. Während das Fleisch im Ofen ruht, nehme ich etwas Miso und schmiere davon einen Streifen auf den Teller. Darauf wird gleich das Steak gesetzt, darauf kommt ein großer Klacks Frühlingszwiebel-Pesto.

Rhetorische Frage: Um was für Zutaten handelt es sich hier?

Oder nehmen wir an, ich würde das Rindfleisch gern noch marinieren, um ihm etwas Geschmack zu verleihen. Wir sind bei Pfeffer und Salz, Kräutern, Knoblauch und Chili, Essig und Öl, die wir dafür vermengen.

Alles nichtfleischliche Zutaten. Das Thema Gemüse nimmt also den meisten Raum in der Küche ein. Im Gewürzregal, den Vorratsschränken, bei den Werkzeugen und Utensilien in den Schubladen. Ich habe einen Fleischwolf für meine Küchenmaschine, aber alle anderen Aufsätze, vom Schneebesen bis zur Nudelmaschine, benutze ich für vegetarische Zubereitungsmethoden.

Irgendwann fiel mir das mal auf: Wir haben dem Gemüse in der Küche unheimlich viel Platz geschaffen, aber behandeln es doch außerordentlich oft wie B-Ware.

Neulich hatte ich wieder so ein kleines Gespräch am Tisch. Arthur war da mit ein paar Freunden – eben Bruno, Carsten und Michael. Es kam zu einem Männergespräch. Ausgangspunkt war der Burger, genauer der Hackfleisch-Patty darin, und das Gespräch darüber, ob und wie die Bulette medium gebraten werden soll. Bruno erzählte von seinem neuesten Gadget, einem Infrarot-Thermometer, das wie eine kleine Pistole aussieht und die Kerntemperatur misst. »Idiotensicher«, sagte er. Und Michael und Carsten fragten sich, ob man ein Roastbeef, das für drei Stunden bei 80 Grad in den Ofen kommt, vorher anbraten soll – oder lieber, wenn es aus dem Ofen kommt, den nötigen Schliff geben soll. Fleisch noch so roh wie möglich zu lassen ist eine Männerfantasie und für manche eine magische Wissenschaft. Natürlich kamen wir auch auf das Sous-vide-Garen und den ganzen technischen Schnickschnack, der damit einhergeht, wenn man Fleisch in Plastik vakuumiert und den Beutel über Tage hinweg in wohltemperiertes, heißes Wasser taucht.

Ich hatte es irgendwann satt und fragte: »Habt ihr euch schon mal überlegt, wie eine Karotte medium gegart schmeckt?« Ein böser Themenwechsel.

Seitdem ich festgestellt habe, wie viel sich in meiner Küche um Gemüse dreht, habe ich die Perspektive verändert. Ich versuche, eine einfache Möhre, den Sellerie, die Kartoffel mit so viel Konzentration und Innigkeit wie ein Stück Fleisch zu betrachten. Das hat meiner Küche einen neuen Schwung gegeben. Ich konzentriere mich noch mehr auf das Gemüse.

Frei nach Karl Valentin gilt dabei aber die Regel: Vegetarisch zu kochen ist lecker, macht aber viel Arbeit. Man sollte dafür gut gewappnet sein.

Die wichtigste Ausstattung ist ein gutes Messer. Es sollte nicht nur scharf sein, sondern auch ausbalanciert und gut in der Hand liegen. Man sollte damit von einer kleinen Zehe Knoblauch eine hauchdünne Scheibe ebenso abtrennen können wie auf einen Haufen Haselnusskerne hacken. Ein Kochmesser eben, das wie ein Skalpell und gleichzeitig wie ein Beil arbeiten kann.

Ums Messer wird ja immer in Bezug auf Fleisch ein Gewese gemacht. Man bestellt im Restaurant Schnitzel oder Steak und wird geadelt, indem ein anderes Messer aufgelegt wird. Innerlich bin ich dann schon halb am Gehen. Hat der Koch so wenig Vertrauen in sich, dass er die Gäste am Tisch mit Werkzeugen ausstatten muss, die unter das Waffengesetz fallen? Ganz ähnlich existieren in vielen Küchen noch heute elektrische Apparate, die in mir immer das Bild von Kettensägen aufsteigen lassen. Wenn sich der Braten nur mit dem Elektromesser durchfräsen lässt, wie sollen dann meine Zähne durchs Fleisch kommen?

Ich sehe es andersherum: Ein wirklich gutes Gemüsemesser kommt mit Leichtigkeit durch jedes Fleisch. Die Stellen, an denen es kapituliert – Knorpel, Sehnen, Knochen –, werden auch in gekochtem Zustand niemandem Freude machen. Ob ein Messer wirklich scharf ist, testen Köche auch nicht an einem Stück Steak, sondern an einer Tomaten, die eine wirklich widerstandsfeste Schale, dafür aber ein sehr sensibles Inneres hat. Das Gemüse verträgt überhaupt keinen Druck. Ein stumpfes Messer hinterlässt auf dem Schneidbrett nur ein unschönes Tomaten-Massaker. Ein scharfes Messer dringt durch die Schale wie durch weiche Butter, und weil kein Druck ausgeübt wird, bleibt auch das Wasser in der Tomatenscheibe, die man bei Belieben in zwei Milimeter dünne Scheiben schneiden kann. Ich möchte das öfter – nicht nur, wenn ich selbst im Ofen getrocknete Tomaten herstelle.

Es ist nämlich so: Messer kommen in der Küche zu 90 Prozent für Gemüse zum Einsatz. Es wird geschält, gewürfelt, in Streifen oder Scheiben geschnitten. Da hilft gutes Werkzeug. Ich habe für Brot ein großes, langes Messer mit Wellenschliff. Das benutze ich auch manchmal für einen Braten, der es auch nicht verträgt, wenn beim Schneiden der Fleischsaft aus ihm hinausgedrückt wird. Aber für mein Gemüse habe ich unzählig mehr Messer, und alle sind extrascharf. Wer beim Werkzeug spart, wird die vegetarische Küche schnell satthaben.

Apropos Braten: Was ich schon immer mal loswerden wollte. Ich beobachte immer wieder, es ist nicht auszumerzen, wie der Herr des Hauses Braten am Tisch aufschneiden muss, meist ein Mensch, der sonst nie in der Küche hantiert. Wie bitte soll so ein Mensch geübt sein, mit einem Küchenmesser irgendetwas Anständiges zuwege zu bringen? Und sieht denn niemand, wie meinen Geschlechtsgenossen der kalte Schweiß auf der Stirn steht? Es muss eine besondere Form von Masochismus oder auch Sadismus sein, wenn Köchin das aus der Hand gibt. Ich leide immer wieder unter der Säbelei, stöhne, wenn sie auch noch mit einem Elektromesser geschieht. Wie kann man einem Braten, der vielleicht tagelang in der Marinade lag und dann Stunden im Ofen, am Schluss so rohe Gewalt antun?

Genauso brutal ist meiner Ansicht nach auf der vegetarischen Seite kochendes Wasser. Ich bin in einer Zeit aufgewachsen, in der alles erst einmal in sprudelndes Wasser kam: Kartoffeln, Bohnen, Spargel, Kohlrabi, sogar Fenchel, oft so lange, bis das Gemüse später im Mund fast wässrig zerglitschte.

Gemüse ist aber auch keine andere Zutat als Fleisch, dem wir Köche heutzutage oft so viel zärtliche Aufmerksamkeit zukommen lassen. Es soll die beste Zutat sein, bloß nicht austrocknen, ist uns lange Kochzeiten bei milden Temperaturen wert. Es kochendem Wasser auszusetzen kommt nur infrage, wenn man Fond herstellen will oder Tafelspitz. Und da raten viele Kochbücher auch zu Maß. Man soll das Fleisch im Wasser höchstens simmern lassen.

Ich kenne nicht viele Menschen, die Hühnerfrikassee mögen, ein Resteessen, wenn man eine Hühnerbrühe gekocht hat. Es ist völlig fades Fleisch, das von der Karkasse des Suppenhuhns gepult wird und mit Champignons, Sahne, gerne auch mal mit Ananas gemischt wird. In Wasser gekochtes Gemüse schmeckt ähnlich.

Wie man mit Gemüse anders umgehen kann, dafür hat mir eine Reise nach China die Augen geöffnet. Nicht nur, dass die Menschen dort Knoblauch auch roh verzehren. Beim Braten im Wok, eine brüllend heiße Pfanne, geht es darum, den Zutaten noch Biss zu lassen. Textur, also wie sich das Essen im Mund anfühlt, ist überhaupt eine ganz bestimmende Kategorie dieser Küche. Chinesen und Japaner können stundenlang diskutieren, wie weich bestimmte Tofu-Sorten sein müssen. Über was sollte man hier auch sonst streiten, bei dem geschmacksneutralen Sojakäse.

Den Zutaten noch etwas Frische und Knackigkeit zu lassen stellte sich als die größte Herausforderung heraus, als ich wieder zurück in Deutschland einen Wok erstand und einen kleinen Koffer mit einem mobilen Gasherd. Power ist das Geheimnis der Garküche. Und ich lernte schnell, ich musste alles genauestens vorbereiten und in Griffweite stellen, um nur in die Nähe der Geschwindigkeit zu kommen, wie ich es auf den Nachtmärkten Pekings und Schanghais gesehen hatte. Der Knoblauch muss gehackt sein, Ingwer ebenfalls, die Frühlingszwiebeln bereits geschnitten, Sojasauce und Gewürze abgemessen sein. Ist man da nicht diszipliniert, ist eine Zutat schnell nur noch knackig, weil sie außen schwarz ist. In einem Wok wird gewendet, gerührt, die Pfanne vom Feuer genommen und geschwungen. Das Arbeitsgerät ist zwar glühend heiß, aber es geht darum, die Zutaten immer nur sehr kurze Zeit großer Hitze auszusetzen. Sie sollen nicht durchgaren, manchmal nicht einmal Farbe annehmen.

Ich habe Wochen gebraucht, um in die Nähe dessen zu kommen, was ich mir an Textur für mein Gemüse einbildete. Ein echtes Glücksgefühl überkam mich, als in einem Pfannengericht die Zucchinistäbchen außen schon ein bisschen braun gelangen, sie aber noch richtig Spannung hatten, Zucchini kann nämlich ganz schnell weich und matschig werden, auch in der Pfanne. Aber es stellte sich heraus, das war ein Glückstreffer.

Von diesen Zucchinistäbchen träume ich noch heute manchmal, ganz in echt.

Probieren

Arthur zupfte gerade Korianderblätter, da fiel ihm eine Frau im Kochkurs ein. »Ich probiere beim Kochen nie, hat die doch gleich am Anfang gesagt«, meinte er. »Und, hast du sie nach Hause geschickt?«, fragte ich, eben dabei, eine Avocado zu schälen. Wir machten eine große Schüssel Guacamole für einen Abend mit einem größeren Kreis Gästen.

»Nein«, sagte Arthur, »wir machten aus, es miteinander zu probieren. Ich war neugierig, ob sie an dem Tag überhaupt was lernen würde.« Er nahm einen Löffel, tauchte ihn in den Hühnerfond, in den ich erst vor zehn Minuten das Salz gegeben hatte, und meinte: »Kommt.«

Seit fünf Jahren hat Arthur aus unserem Hobby seinen Beruf gemacht. Wie ich hat er während des Studiums auch gekellnert, war später in der

Hotellerie tätig, schob eine Promotion ein, an deren Ende er entschied, dass Wissenschaft, genauer die Philosophie, doch nicht seine Zukunft sein würde. Mit einem kleinen Erbe machte er sich selbstständig und eröffnete seine Kochschule. Von Zeit zu Zeit helfe ich ihm, wenn viele Gäste da sind, und immer wieder treffen wir uns zu zweit und benutzen die Kochschule als Labor für neue Rezepturen und Gerichte. Arthur ist inzwischen auch Herr über einen großen Maschinenpark. Und zwischen den Induktionsherden, dem Wokbrenner und dem Thermomix stehen überall Körbe mit Esslöffeln, sicher zwei Dutzend sind jeweils darin, die Stiele alle nach oben, unser Probierbesteck. Es sind so viele, dass der Behälter niemals leer werden kann, egal, wie lange wir kochen. Braucht man schnell ein Werkzeug, ist ein Löffel ideal, zum Umrühren, als Pfannenheber, auch um ein Küchenbier zu öffnen oder den Deckel von einem widerspenstigen Schraubglas zu lüften. Und gegenüber Messer und Gabel haben sie noch einen Vorteil: Man kann mit ihnen probieren.

Ich kenne kaum ein wichtigeres Vergnügen, als während des Kochens zu probieren. Ich mache das von Anfang an, ununterbrochen, zwanghaft, ich stecke mir sogar rohe Gemüsewürfel in den Mund, falls das Kochen so beginnt. Jeden Wein, der in einen Eintopf soll, koste ich. Und selbstverständlich sind auch Essig, Pestogläser, irgendeine neue Sojasauce oder salzige Anchovispaste nicht vor mir sicher. Alles muss einmal pur in den Mund, auch gewässerte Gelantineblätter. Schmecken sie wirklich nach nichts? Nur bei Chilis oder scharfen Saucen wie Piri-piri bin ich vorsichtig. Man kann sich damit das Geschmacksgefühl ziemlich lahmlegen, und dann kocht man einige Zeit blind.

Arthur findet, ich bin manchmal ein ziemlicher Kontrollfreak, weil ich überall meine Zunge reinhänge. Aber das macht mir nichts aus. Er ist nicht besser als ich. Gut, die Gelatine würde er nicht kosten. Aber: Was soll denn bitte schlecht daran sein, wenn man einen Überblick hat, was ins Essen kommt? Nehmen wir den Wein. Kann sein, dass er etwas mehr Säure hat, als ich es sonst gewohnt bin. Oder Kork. Das kann einem ziemlich schlechte Laune machen. Einmal Coq au Kork, Jahrzehnte her, hat mir wirklich gereicht. Den Geschmack habe ich heute noch im Mund. Ganz ähnlich ist es mit Rotwein, der lange im Holzfass lag: Die Holztöne verkochen nicht, sie verdichten sich. Nichts mit Coq au Vin, dann hat man eben Hühnchen in Holzsuppe, und das wird auch nicht besser, wenn man es nun Coq au Barrique nennt. Ich bin deswegen im Restaurant übrigens auch immer skeptisch, ob ich klassisches französisches Bœuf bourguignon wählen soll. Bei ambitionierten Köchen gleitet es auch manchmal ins Holzige ab. Das kann man sich echt sparen. Eine fruchtige, leicht süße Flasche Côtes du Rhône ist viel besser als ein schwerer Burgunder.

Aber das sind Extremfälle. Meist gibt ein kleiner Schluck vom Kochwein einfach Korrekturhilfen. Ist er zu sauer, entscheide ich mich vielleicht für etwas mehr Karottenanteil beim Gemüse. Fehlt mir Säure, ist das auch nicht schlimm. Ein bisschen Essig oder Zitrone, und alles ist wieder im Lot.

»Kannst du mal die Guacamole probieren?«, fragte Arthur. Er hatte inzwischen die Avocado mit Limettensaft, dünnen Chilistreifen, Salz, Knoblauch und dem gehackten Koriander vermischt. »Ich glaube, sie könnte noch etwas Ingwer vertragen.« Warum nicht? Ich schlug noch vor, klein gehackte Sardellen hineinzumischen. Aber Arthur hatte Angst, dass die Avocadocreme mit den Anchovis gräulich einfärbt. Er griff zu der Zutat, die in solchen Fällen als Ersatz zum Einsatz kommt – halb getrocknete Tomaten –, und machte sich daran, sie klein zu hacken.

Wenn ich das erste Mal aus einem neuen Kochbuch koche oder ein neues Rezept bekomme, versuche ich, mir solche Eingriffe möglichst zu sparen. Denn dieser ganze kleine Werkzeug- und Reparaturkoffer, den ich beim Kochen immer im Kopf habe, kann auch dazu führen, dass man jedes Gericht auf sein Gusto von süß, sauer und salzig einstellt. Und damit alles irgendwie auch nivelliert, so wie Arthur, der einfach nicht von seinem süßen Paprika lassen kann. Ich habe die Vorstellung, nur so habe ich überhaupt die Chance, den Geschmack eines anderen Kochs annähernd zu treffen und mir auch mal was Neues zu bieten, so, als sei ich im Restaurant.

Das klappt nicht immer, denn leider stößt man bei der wörtlichen Auslegung doch nicht selten auf Fehler im Rezept. Wenn es sich um ausländische Kochbücher handelt, kommen noch Übersetzungsfehler hinzu. Bei den ersten Jamie-Oliver-Kochbüchern aus den 90er-Jahren etwa habe ich anfangs versucht, in einem Rezept für eine Nudelsauce drei Bund Basilikum unterzubekommen, wie er es verlangte. Was dann eher zu einem kreativen Pesto geriet, aber nicht zu dem, was ich auf den Fotos sah. Mir machte Jamies verschwenderischer Kräutereinsatz richtig Sorgen, bis ich dann selbst mal in London in einem Supermarkt war. Ich fand heraus, dass dort schon drei Stängel Basilikum als Bund verkauft wurden. Davon hätte ich wahrscheinlich gleich vier Bund in die Nudelsauce getan. Ein Grund, warum ich Rezepte mag, in denen auch Kräuter in Gramm angegeben sind.

Mit dem Probieren ist es außerdem so: Als Koch hat man das naturgegebene Recht auf das erste Mal. Immer. Jede Sekunde. Ich lebe dieses Vorrecht gerne aus. Es hat den schönen Nebeneffekt, dass man als Koch jedem, der an den Herd will, auf die Finger klopfen darf.

Ich kann mich gut erinnern, wie ich als Jugendlicher viel an den Töpfen stand und schon damals einen regelrechten Widerwillen gegen Topfdeckel entwickelte, weil die eine schnelle Kostprobe verhinderten. Ich weiß auch noch, wie ich mir den Mund an kochend heißen Nudeln verbrannt habe oder wie flüssiger warmer Pudding schmeckt, bevor er in den Kühlschrank kommt. Es gab viele böse Worte meiner Eltern, und manchmal bekam ich auch was auf die Finger.

Und bis heute habe ich Probleme oder Annäherungsschwierigkeiten bei Sachen, die man nicht anschauen darf. Soufflés sind mir ständig misslungen. Weil ich die Regel außer Kraft setzen wollte, dass der Ofen zubleiben muss. Ganz ähnlich geht es mir bei Brot und Kuchen. Vom Teig zu kosten verrät mir nichts, wie das Backwerk später schmeckt, im Ofen lässt sich nichts kosten oder korrigieren. Ich glaube, das ist der wahre Grund, warum ich ungern backe. Ich bewundere alle Bäcker für die große Zurückhaltung, die sie üben, wenn Hitze und Hefe ganz auf sich gestellt die Arbeit vollbringen. Ich kann solche Demut nur selten aufbringen.

Ich bin weiter ein Naschkater und immer noch ziemlich eifersüchtig, vor allem, wenn das Kochen so richtig fluppt. Ich kann auch nach den Gemüsewürfeln nicht an mich halten, probiere, wenn Karotten, Zwiebeln und Sellerie in der Pfanne dünsten, stecke mir ein bisschen vom Nudelteig in den Mund, salze nach, probiere rohe Wurstfülle und verquirlte Eier, löffele alle zehn Minuten vom Gulasch oder aus dem Topf des Schmorbratens.

Das Gericht erzählt einem seine Geschichte. Wenn es zu jedem Zeitpunkt gut schmeckt, sich wohlfühlt, denke ich mir dann, wird es auch am Ende perfekt. Und sei es nur, weil ich es anschließend mit zufriedenem Lächeln auf den Tisch trage, nach zwei Stunden, in denen ich mitverfolgt habe, wie sich die Aromen entwickeln und vereinen, aus vielen Soloklängen eine große Sinfonie entstanden ist. Das zum Beispiel macht den Reiz einer Sauce bolognese aus. Am Anfang, kurz nachdem die geschälten Tomaten zum Hackfleisch und dem Soffritto aus klein gewürfelten Zwiebeln, Karotten und Sellerie gekommen sind, schmeckt man noch alle Bestandteile aus dem Eintopf heraus: fruchtig die Tomaten, krümelig das Hackfleisch, bitter-ätherisch Zwiebeln und Sellerie, knackig-süß die Karotten. Nach eineinhalb Stunden ist die Sauce sämig geworden und hat einen unheimlich tiefen, vielfältigen Geschmack. Wie gute Bratenkruste, aber davon gleich einen ganzen Topf voll – gibt es einen größeren Luxus? Ja, nur den, immer wieder zu kosten und nachverfolgen zu dürfen, wie dieses Wunder geschieht. Ganz großes Kino.

Das ist übrigens auch der Grund, warum Köche bei Tisch oft gar nicht mehr viel essen. Nicht, weil sie satt wären. Wenn ich vor meinem Teller sitze, reichen mir ein, zwei Bissen, um mich noch mal an die Sensation zu erinnern, die ich in der Küche erlebt habe. Ich weiß, wie die Sauce ohne den Löffel Senf oder den Spritzer Essig schmeckte und bevor ich sie mit Butter montierte. Naschen ist meiner Ansicht nach das Dinner des Kochs. Das eigentliche Essen nur der Nachtisch.

Wer viel probiert, muss weniger korrigieren. Es ist doch nicht schlimm, wenn man anfangs mit dem Salz geizt und immer wieder eine Prise dazugibt. So funktioniert das auch mit allen anderen Zutaten, vor allem wenn man Eintöpfe kocht, also Suppen, Schmorgerichte, Saucen, auch Currys zähle ich dazu. Probieren lohnt sich auch immer bei den alten, tausendmal bewährten Rezepten. Erstens weil man sie immer verbessern kann. Zweitens weil Zutaten nie gleich schmecken.

Ich spreche aus Erfahrung. Auch wer viel Übung im Kochen hat, kann die einfachsten Regeln vergessen. Mir ist das vor ein paar Jahren passiert. Wochenlang fragte ich mich, was mit meinem Essen los ist. Es schmeckte ganz okay, aber perfekt war es nicht. Hatte sich mein Geschmack verändert? Warum fand ich alles so langweilig? Während ich mich griesgrämig an den Tisch setzte, waren meine Gäste des Lobes voll.

»Du spinnst«, sagte meine Lieblingsesserin, »machst einen Zirkus, als ob du das Kochen verlernst. Dabei fehlt höchstens ein bisschen Salz.« Ein bisschen Salz! Ich ließ es so weit kommen, dass ich meinen Gästen den Geschmack absprach, vor allem meiner Lieblingsesserin.

Irgendwann merkte ich, was los war. Ich hatte mich auf meinen theoretischen Geschmack verlassen und vergessen zu probieren.

Ich stellte mir erst eine kleine Untertasse neben den Herd, um mich zu erinnern. Man sah das früher bei großen Restaurantköchen im Fernsehen. Sie nahmen nicht einfach einen Löffel, die leckten den Klecks Sauce von einem kleinen Teller. Es stimmt schon: Dabei kühlt die Speise schneller ab, es kommt Luft ran, wenn man den Mund weit aufsperren muss, um seine Zunge auszufahren. Von der Untertasse zu lecken heißt, mehr zu schmecken. Aber ich glaube, wichtiger ist, dass mit dem Geschirr das Probieren zum Ritual wird. Und wenn man so mit der Zunge arbeitet, auch wieder zu einer kindlichen Verrichtung. Und wenn dann das Kinderabteil in unseren Geschmackssynapsen sagt, es ist gut, dann ist das Essen wirklich gut.

Ich habe Arthur zu überzeugen versucht, mein

Untertassensystem auch in seinen Kochkursen anzuwenden. Er wollte aber bei seinem Löffelsystem bleiben.

Die Guacamole war fast fertig. Wir ließen sie mindestens eine halbe Stunde ziehen. So lange braucht es, bis Salz und Säure ihre Arbeit getan haben und der Geschmack sich voll entfaltet. Ich fragte Arthur, wie es weiterging mit der Frau im Kochkurs, die sich weigerte zu probieren. Sie hatte Fischsuppe zubereitet. Arthur erzählte, nach dem ersten Löffel von dem fertigen Gericht habe sie, ganz zufrieden, ihren Kochstil wiederzuerkennen, gesagt: »Ja, genau, bei mir ist es immer etwas salzarm.« Er schüttelte den Kopf. Wir nahmen uns Löffel und kosteten von der Avocadocreme. Sein Einfall mit den getrockneten Tomaten stellte sich als grandios heraus.

Resteküche

Herr Siemens murrt schon seit Tagen. Die weiße Tür ist zwar blitzblank, aber irgendwas dahinter stimmt nicht. Es dauert ein paar Tage, bis ich dahinterkomme, was er hat. Manchmal kommt es mir sogar so vor, als verändere er das Licht in seinem Inneren, um mir einen Fingerzeig zu geben. Aber nun habe ich verstanden, was sein Problem ist: vier nackte, unverplante Eigelbe. Das Rezept für einen Rührteig vom Sonntag verlangte eine große Menge Eischnee, damit der Kuchen noch luftiger wird. Daher fängt der Kühlschrank heute an zu zittern, wenn ich ihn öffne, um nach der Milch für den Kaffee zu greifen. Das gelbe Quartett sitzt in einem braunen Tonschälchen unter Frischhaltefolie. Daneben liegen Koteletts für das Abendessen. Gut, ich habe verstanden. Ich mache was mit den Eiern, bevor ich mir noch einbilde, dass Herr Siemens anfängt, »Rabenkoch, Rabenkoch, Rabenkoch« zu brummen.

Aber, was tun? Da wäre die Möglichkeit, die Koteletts zu panieren. Nur: Dafür reicht ein Eigelb leicht aus. Oder ich mache vier Spiegeleier, vielleicht *sunnyside down and off white*. Keine schlechte Idee. Oder zum Nachtisch eine Crème brûlée? Vielleicht eine Blitzvariante? Bei der klassischen Zubereitung kommen die Ramequins, also die Förmchen, bei 110 Grad in ein heißes Wasserbad in den Ofen. Eine Dreiviertelstunde dauert es etwa, bis die Eiermasse darin stockt. Zeitungspapier in der mit Wasser gefüllten Auflaufform oder der Fettpfanne führt zu einer gleichmäßigeren Hitzeverteilung. Es ist eine ganz schöne Operation.

»Aber wann hat man denn schon mal vier einzelne Eigelbe im Kühlschrank?« Diesen Gedanken hat Herr Siemens wahrscheinlich schon seit Tagen versucht, mir einzutrichtern. Auf der Stelle bin ich den Zutaten verfallen. Eine Crème brûlée aus dem Kochtopf – das probiere ich aus. Und ich werde statt Sahne Kokosmilch verwenden, das hatte ich schon länger vor. Eine Dose Kokosmilch, vielleicht kurz vor dem Ablaufdatum, finde ich dafür sicher in meinen Vorräten. Vielleicht lässt sich das Ganze noch mit etwas Ingwer oder Zitronengras aromatisieren. Und wo ich schon dabei bin: Zitronengras- oder noch besser Wasabi-Mayonnaise wäre für die Koteletts bestimmt ein toller Dip.

Haben Sie schon mal Blindschach gespielt, ohne Figuren und Brett? Ich spiele in diesem Moment Blindkochen und bin unbemerkt längst dabei, ein komplettes Menü um meine vier Eigelbe herumzubauen. Herr Siemens weiß, was nun passiert. Ein Restekochfest. Kann sein, dass er noch ein paar Altbestände abgenommen bekommt. Er hat sich wieder in seine übliche kühle Ruhe zurückgezogen. Vielleicht richtet er auch nur die Funzel neu.

Resteküche ist eine Küche eigener Art. Bei einem regulären Kochvorhaben hat man einen Teller vor Augen, nimmt ein Rezept, kauft die Zutaten ein und los geht es. Resteküche verweigert sich diesem Ablauf. Meist beginnt es mit einer Zutat – und bei mir kann das auch schon das halb volle, aber abgelaufene Glas Senf sein, das Herr Siemens mir aus irgendeinem Grund aus seiner Tiefe vor die Nase schiebt.

Man könnte nun natürlich in der Rezeptsuche im Internet einfach »Senf« oder »Eigelb« auf irgendeinem Portal eingeben, viele lassen das längst zu. Ein guter Anfang. Aber ich als ausgewiesener Freestyle-Koch ziehe das Spielen vor, ich mag die Art von Küche, die sich Rezepten verweigert, die mit Maßeinheiten, mit Liter und Gramm hantieren. Nein, der Zufall soll die nächste Stunde regieren, *trial and error*.

Ich habe mal einen Mann kennengelernt, der überhaupt nur mit Resten kocht. Er heißt Pepe, stammt von den Philippinen und nennt Reste lieber *leftovers*, also Überbleibsel. Es hat für ihn einen besseren Klang, noch nicht so nah am Abfalleimer. Und mit diesem Begriff ist auch sofort zu verstehen, dass er Resten sogar eine biografische Bedeutung zuschreibt. »Reste«, sagte er, »sind immer Reste der Vergangenheit. Sie verhindern manchmal, dass wir uns etwas Neuem zuwenden können. Dass wir uns verändern.« Und er meint das tatsächlich philosophischer als nur, endlich mal ein neues Glas Senf zu besorgen.

Sieht man sich die Rezeptwelt an, dann kann man sich immer wieder vorstellen, dass ein Gericht aus der Resteküche entstanden ist. Ich finde, das ist oft in der italienischen Küche der Fall. Zum Beispiel die Sauce bolognese oder das Ragù, wie sie in Italien verbreiterter heißt: Könnte sie nicht aus den Überbleibseln des Sonntagsbratens entstanden sein?

Vergleichbare Gerichte finden sich natürlich auch in den anderen europäischen Küchen, gerade auch in der deutschen: die köstliche Bauernpfanne, auch Gröstl genannt, mit Bratenresten, Kartoffeln, Knödelresten, Ei, Zwiebeln und Gewürzgurken, die in Bayern und Tirol in eigenen gusseisernen Pfannen im Wirtshaus serviert wird: eigentlich Resteküche.

Und wie schön die Namen manchmal klingen. Zur Resteküche müssen Menschen einst ein wirklich liebevolles Verhältnis gehabt haben. In Schwaben heißt das Mischmasch Gaisburger Marsch (natürlich mit Spätzle), in Hamburg wird der Braten als Rundstück warm recycelt. Oder Obazda, der herrliche Batz aus überreifem Käse, vermischt mit Paprika, Kümmel und Paprika. Drücken sich in solchen Bezeichnungen nicht die schöne gute Laune und der ganze Spielwitz aus, die Köchinnen und Köche an den Tag legen, weil: Eigentlich kann nichts schiefgehen, sondern alles nur besser werden. Mit Essen spielt man nicht? Aber klar doch, und mit Resten beginnt man – auch und vor allem, wenn man noch kein so geübter Koch ist, schließlich kann man nichts kaputtmachen. Ich finde es schade, dass nur noch alte Wörterbücher den Begriff »Restetag« kennen.

Ein anderes Gericht aus der italienischen Küche ist die Ribollita, übersetzt die »Wiederaufgekochte«. Sie war einst die tägliche Mahlzeit der Bauern in der Po-Ebene. Es gibt für diesen herzhaften Gemüseeintopf kein einheitliches Rezept, oft enthält er Kohl und dicke Bohnen. Die traditionelle Ribollita folgt aber einem bestimmten Verfahren. Sie wurde nie ganz aufgegessen und in die Reste vom Vortag wieder mit Wasser und Gemüse gestreckt. Und wenn ein Stück Fleisch vorhanden war, wanderte das auch mit in den Topf.

Die Ribollita schmeckt immer gleich und immer ein bisschen anders. Wenn ich viel Gemüse übrig habe, gibt es sie oft. Ich gebe nicht gleich alles in einen Topf, sondern füttere den Suppenrest über Tage weiter, am Montag mit Kartoffeln, am Dienstag mit Zwiebeln, am Mittwoch noch mit Sauerkraut. Die Geschmacksintensität der neuen Zutaten steigt, denn die Ribollita wird über die Tage zu einem richtigen *melting pot*, wie Pepe nun sagen würde. Eine Suppe mit einem unheimlich tiefen und harmonischen Eigengeschmack, ein Schmelz, der immer größere Kontraste verträgt.

Die Ribollita folgt dem, was man das Sauerteigprinzip nennen kann. Für das Triebmittel setzt man Mehl und Wasser an, gibt dem Brei Zeit und alle Tage wieder Futter, und heraus kommt etwas ganz Neues und Vielschichtiges, besser als Hefe. Sauerteig, der während seines Wachstums Hefen und Mikroorganismen aus der Umgebung anlockt, ihnen ein Biotop anbietet, sie nährt und vervielfältigt, hat viele Vorteile gegenüber der normalen Hefe. Im Sauerteig herrscht Multikulti, in der Hefe Monokultur. Ein gutes Sauerteigbrot schimmelt viel später als eines mit Hefe, da der Sauerteig die Schimmelsporen bekämpft, außerdem gibt er dem Brot oft mehr Aromatik. Aber ich finde vor allem, er ist das kostbarste »Überbleibsel« in unserer Küchenkultur. Jeder Bäcker, der damit arbeitet, behält bis zum nächsten Backtag einen Rest über, wärmt und füttert ihn, damit er bald wieder kiloweise Teig befruchten kann, für eine locker-saftige Krume und eine knusperharte Kruste.

Mikroorganismen kann man auch anders Nahrung bieten. Kohl zum Beispiel, Rüben und Rettiche, Kürbis und Gurken. Wenn man Gemüse einlegt und fermentiert, passieren ganz ähnliche Prozesse wie im Brot – aber zur Haltbarmachung, damit gar nicht erst entstehen kann, was sich überhaupt Rest nennen lässt.

Aber ich entferne mich zu weit von meinen Eigelben. Für die Crème brûlée habe ich einen Topf zum Ofen gemacht. Blitzschnell ist das Verfahren nicht unbedingt, aber das lange Vorheizen des Ofens fällt weg. Was die Crème so wunderbar cremig stocken lässt, nachdem die Eier mit Sahne und Zucker aufgeschlagen sind, ist einfühlsame Hitze. Ich habe die gefüllten Ramequins für etwa eine Dreiviertelstunde in ein Wasserbad gestellt, das gerade so nicht kochen darf. Um das zu kontrollieren, hilft mir ein Deckel, der nicht auf den Topf passt. Er darf leicht auf dem Topfrand schwingen, eine wunderbare Melodie. Fängt er aber an zu klappern, bin ich sofort zur Stelle.

Herr Siemens war bei dieser Prozedur extraleise. Es war eines der seltenen Male, wo ich mir wünschte, meinem Kühlschrank was abgeben zu können, das er für immer für sich behalten darf.

Sinnlichkeit

Knoblauch muss ein ganz gefährliches Zeug sein. Es greift die Hände an, ist eventuell giftig oder sogar radioaktiv. Man sollte es auf alle Fälle nur mit spitzen Fingern anfassen.

Man muss sich nur ansehen, was zur Handhabung dieser offenbar toxischen Knolle so alles auf dem Markt ist. Die Werkzeuge gleichen zum Teil chirurgischen Instrumenten, die verhindern sollen, dass man mit den Zehen in Berührung kommt: Knoblauchpressen und -reiben in allen möglichen Formen und Farben, mit ergonomischen Griffen aus Edelstahl, Aluminium oder Plastik – mit oder ohne Selbstreinigungsfunktion. Sogar eine Schälhilfe habe ich entdeckt – ein Silikonschlauch, sozusagen ein Knoblauchkondom. Man legt die Zehen ein, der Schlauch wird anschließend mit etwas Kraft auf dem Küchentisch hin und her gerollt, dann ist die Schale ab, so verspricht die Verpackung. Und die Hände bleiben sauber. Das Knoblauchkondom gehört für mich in die gleiche Kategorie wie die Nudelpinzetten, Kräutermühlen oder jene Käsereiben, die man nach dem Gebrauch zerlegen und reinigen muss wie Bob Lee Swagger sein Gewehr, vielleicht noch elektrisch angetrieben und mit Lichtspot ausgestattet. Solche Geräte hatte ich zugegeben auch schon. Aber wenn der Hauptabwasch daraus besteht, das Gerät zu säubern, das den Käse klein macht, verliere ich ganz schnell die Lust. Ich mag Käsereiben, die scharf sind, da diese auch weichere Käse besser schneiden. Meine hat kleine Zähne, damit kann ich auch eine Muskatnuss oder Ingwer reiben. Ich mag das Leatherman-Prinzip. Es hat eine Reibfläche und einen Griff, mehr nicht. Da fällt auch schon mal was neben den Teller. Aber hey, ist das Mikrofaser-Wischtuch erfunden worden, um nach dem Kochen einen sauberen, sterilen Küchentresen noch einmal zu polieren? Kommt mir manchmal so vor.

Ich frage mich, warum halten wir solche Distanz zu den Sachen, mit denen wir kochen? Mir begegnet das immer wieder, auch Fernsehköche berichten davon. Erboste Anrufe und Mails, wenn in der Glotze die Alfons Lafer-Mälzers ihre Zutaten mit der Hand in den Topf geben oder mit dem Finger in die Sauce stippen. Technisches Gerät, sei es ganz banal ein Löffel oder sehr aufwendig der Thermomix, scheint für viele Menschen das Nonplusultra zu sein, um die Küche in Schwung zu bringen.

Aber sehen wir uns die meisten Werkzeuge doch einmal an. Alles Verlängerungen unserer Gliedmaße. Der Löffel entspricht einer Hand, die zum Schöpfen geformt ist, die Gabel ist die Kopie der gespreizten Finger, die möglichst viel greifen wollen. Nur das Messer hat keine echte Entsprechung, na ja, vielleicht den Fingernagel.

Ich finde den Hinweis wichtig, um klarzumachen: Die wichtigsten Werkzeuge in der Küche sind die Hände, die Hände und irgendwann das Messer. Ich finde das nicht banal, gerade wenn ich mir Erfindungen wie das Knoblauchkondom anschaue. Ich nehme in der Küche so oft wie möglich einfach nur die Hände zur Hand, wenn ich Essen zubereite. Weil die Hände mir unheimlich viel mitteilen, oft ganz unbewusst. Sie erzählen mir, ob eine Karotte schon weich gelagert oder noch knackig ist, und unwillkürlich schält man sie anders. Bei einer frischen harten Karotte lässt sich die Schale manchmal abbürsten oder mit dem Messerrücken abrubbeln, bei der schon laschen Karotte benutze ich einen scharfen Sparschäler. Ich wüsste das nicht, wenn ich das Gemüse nicht in die Hand genommen hätte.

Es gibt unzählige Situationen, bei denen einem die Hände gute Dienste erweisen. Es gibt kein besseres Salatbesteck als die eigenen zehn Finger. Probieren Sie das mal aus. Es fallen viel weniger Salatblätter neben die Schüssel, wenn man mit den Händen mischt, und man kann gleichzeitig besser aufpassen, dass man nichts von den feinen Blättern zerdrückt, vor allem bei Blattsalaten oder jungem Spinat. Und die Hände melden viel besser als das Auge, ob die Vinaigrette reicht. Ich zerdrücke auch heiße Kartoffeln mit den Händen oder presse die Flüssigkeit aus Kohl oder Gurken, die ich für einen Salat vorher eingesalzen habe, damit sie Wasser ziehen.

Am besten aber, finde ich, sind die Hände als Pfannenheber. Das klingt zwar brandgefährlich, ist es aber nur auf den ersten Blick. Bei wie viel Grad ist zum Beispiel ein Steak richtig »medium«? Bei um die 60 Grad. Ziemlich wenig dafür, dass der Pfannenboden 200 Grad oder heißer ist. Wenn man die Finger vom Metall weglässt, wird das Hantieren in der Hitze also kontrollierbarer. Ich drehe mit einem schnellen Griff Steaks und Schnitzel in der Pfanne um, brauche einen Kochlöffel nur, um das Bratgut in der Pfanne zu lupfen, um die Distanz zum Pfannenboden zu halten. Buletten rolle ich mit einem Löffel gegen die flache Hand und lasse sie dann langsam wieder in die Pfanne gleiten. Auch bei Fischfilets, die gern zerfallen, Kabeljau beispielsweise, drehe ich vorsichtig nach dieser Technik. Bei Pfannkuchen sind meine Arme und Hände gefordert. Ich kenne keine Maschine, die diese rollende Armbewegung hinbekommt und den Pfannkuchen in einem Loop auf die Rückseite dreht und wieder in die Pfanne gleiten lässt. Es ist die gleiche Bewegung, nur etwas moderater und abgeschwächter, die man verwendet, um klein geschnittene Zutaten ohne Kochlöffel in der Pfanne zu wenden. Und jedes Mal fängt man neu an, denn die Bewegung ist bei jeder Pfanne anders und muss immer neu justiert werden, je nachdem, welche Zutaten und wie viele man davon brät – oder wie viel Pfannkuchenteig man in die Pfanne gegossen hat.

Übung ist ganz wichtig. Die Bewegung gleicht Jo-Jo-Spielen, nur horizontal. Und je mehr man probiert, umso schneller justiert sich die Bewegung. Und hey, wie schön ist es, wenn man flott und ohne weiteres Werkzeug den Pfanneninhalt wenden kann, ein paar Champignons fallen übrigens auch den besten Könnern immer wieder vom Rand. Ehrlich, es schmeckt doch gleich viel besser. Ich weiß, dass das Folgende nun etwas esoterisch klingt, meine es aber ganz sachlich nüchtern. Ist der Koch in Harmonie mit den Zutaten, dann wird das Essen besser. Sieht der Koch seine Zutaten nicht als Feinde, gegen die man Waffen einsetzen muss, sägezahnbewehrte Messer, Hochdruckpressen, Häcksler oder Öfen, die heiß sind wie flüssiges Pech, hat er mehr Zeit, sich dem Geschmack zu widmen. Rohe Gewalt nehmen Zutaten nur zu oft übel. Glauben Sie nicht? Nur zwei Beispiele: Nehmen Sie einen Bund Basilikum und hacken ihn mit einem scharfen Messer, geben dabei Parmesan hinzu, geröstete Pinienkerne, Knoblauch und grobes Meersalz. Hacken Sie immer weiter, wenn es Ihnen fein genug ist, vermischen Sie es mit Olivenöl. Es kommt vielleicht ein etwas gröberes Pesto heraus, aber es schmeckt aromatisch, leicht zitronig, der Knoblauch ist dezent, der Parmesan explodiert vielleicht noch fein salzig auf der Zunge. Jetzt machen Sie das Gleiche mit dem Stabmixer. Man kommt nicht so ins Schwitzen, es geht schneller, aber auch nur, wenn man die Zeit vergisst, die es braucht, um die Apparatur zu spülen oder auch nur in die Spülmaschine zu stellen. Heraus kommt ein feines Püree, viel heller, und es schmeckt ganz anders: ätherisch-scharf, aufdringlich, von der Zitronennote gibt es nur eine Erinnerung. Das handgemachte Pesto ist besser. Sie schmecken die paar Minuten mehr und die Energie, die Sie hineingesteckt haben, garantiert.

Noch ein Beispiel. Raspeln Sie Möhren im Küchengerät, beispielsweise für ein Wokgericht, und nehmen sich dann eine Karotte, wieder ein scharfes Messer und schneiden Sie ähnlich dünne Streifen, der Koch spricht von »Julienne«. Vergleichen Sie: Karottenraspel sind weich, zerfranst, sehen eher wie gehäckselt aus. Das Gemüse zerfällt in der Pfanne fast sofort. Juliennestreifen sind fast noch knackiger als einst die ganze Möhre, haben Spannung und verlieren sich auch in der Pfanne lange nicht. Außerdem geben sie nicht so viel Süße ab. Ich schneide eigentlich nur noch Julienne. Die süßen Raspel haben mir in meiner Jugend Karotten im Essen ziemlich verleidet.

Ich bewundere asiatische Köche für ihren ganz handgreiflichen Umgang mit vielen Zutaten. Um zum Knoblauch zurückzukommen: Der wird zum Beispiel in China viel gegessen, aber längst macht man darum kein so technisches Gewese. In chinesischen Nudelküchen liegt neben Sojasauce und Essig oft eine Knolle roher Knoblauch auf den Tischen. Das ist keine Deko. Man bricht sich einfach eine Zehe aus der Knolle, schält und isst sie. Und in den Küchen habe ich Kinder gesehen, die mit Messern, die in unseren Augen Hackebeilen gleichen, Knoblauch feiner hackten, als es viele Küchenhelfer vermögen.

Man kann Knoblauch nämlich auch mit einem hiesigen Küchenmesser klein schneiden. Ohne Zeitverlust. Das erfordert nur ein bisschen Übung. Und eine andere Haltung. Denn wer sagt, dass Knoblauch in mikroskopisch kleine Partikel geschnitten werden muss? Hat sich schon mal jemand an einem Brocken Knoblauch einen Zahn ausgebissen? Oder sich an einem zu großen Stück verschluckt?

Wer Knoblauch bis zur Unkenntlichkeit in jedem Essen verstecken muss, ist ein Heuchler. Knoblauch gehört auch nicht ins Essen wie das Salz in die Suppe. Viele mediterrane Gerichte kommen sogar gut ohne aus. Und in andere kann man nicht genug hineingeben. Zu Lammbraten werfe ich ganze Knollen mit in den Ofen und esse den Knoblauch, der im Fett süß karamellisiert, wie Gemüse.

Greifen Sie doch mal eine rohe Zehe an, zerdrücken sie mit den Fingern. Nehmen Sie ein Messer und würfeln Sie den Knoblauch. Sehen Sie sich an, wie gut das aussieht, verglichen mit den matschigen Würmern aus der Presse. Zerteilen Sie die Zehen grob, streuen Sie etwas Salz darauf und zerquetschen sie mit der breiten Seite der Klinge. Schaben Sie mit Druck über das Schneidebrett, als wollten Sie das Messer schärfen. Es entsteht ein feines Mus. Nur eine Messerspitze davon bringt richtig Bums in Linsen- oder Kartoffelsalat.

Sie haben Angst, dass Ihre Finger nach so einer Aktion noch Tage stinken? Mit Recht. Aber dagegen gibt es ein Mittel: Edelstahl und Wasser. Wischen Sie mit nassen Fingern über die Innenseiten der Spüle. Oder durch einen Topf. Warum das den fiesen Geruch vertreibt, weiß nicht mal die Wissenschaft genau zu erklären. Aber es wirkt.

Wenn Sie das alles getan haben und Ihre Knoblauchpressensammlung noch immer behalten wollen, dann … sind Sie eigentlich der perfekte Kandidat für einen Thermomix.

Hören

Ich suche nach meiner Lieblingsesserin. Gerade war sie doch noch in der Küche. Ja, stimmt, wir waren im Gespräch. Hatte sie nicht erzählt, dass sie eine alte Freundin nach langer Zeit zufällig auf der Straße getroffen hat? Ich muss gleich mal nachfragen. Oh Gott, ich war wieder im Tunnel. Hoffentlich ist sie nicht essen gegangen. Ich muss gleich die Nudeln abschütten. Hallo, noch jemand zu Hause?

Es gibt Menschen, die schenken sich zum Kochen gern ein Glas ein oder legen Musik auf. Vor allem in Gesellschaft. Auch Arthur bietet manchmal »Kochwein« an. Und in Kochblogs finde ich Einträge über gute Küchenmusik. Ich würde jetzt gern darüber schreiben, wie Saltimbocca schmecken, die bei Paolo Conte in der Pfanne lagen, oder gebackene Rindermarkknochen, während

Iron Maiden durch die Küche hämmerte. Aber ich passe. Kochwein und Kochmusik mögen zwar wahrscheinlich schöne Instrumente sein, um in den Flow zu kommen, den man beim Kochen bisweilen braucht. Aber ohne mich. Mir reicht als Hintergrundgeräusch, wenn Herr Siemens leise summt.

Immer wieder mal habe ich es versucht, dann aber das Radio oder die CD schnell wieder ausgeschaltet und die Flasche Wein zum Atmen auf den Tisch gestellt. Es waren immer die Momente, die all meine Sinne erforderten. Ich habe bitter erfahren: Bei Paolo Conte schneidet man sich leichter in die Finger.

Vor allem das Gehör ist ein kulinarisch sehr unterschätzter Sinn. Denn auch unsere Ohren essen mit, manchmal sogar gezwungenermaßen. Mir passiert das immer im Kino. Und ich mag es deswegen gar nicht, in große Häuser zu gehen, die Platzkarten verkaufen. Neben dem Ticketschalter steht dann nämlich ein Popcorn-Automat, und das bedeutet garantiert, dass eine Reihe vor mir ein Popcorn-Esser sitzt. Das Crunchen und Mahlen klingt für mich wie quietschende Kreide auf der Tafel. Eine Zeit lang habe ich versucht, mich dagegen zu desensibilisieren. Aber es half nichts. Ich bin kein Freund von Speisen, die einfach nur laut schmecken. Wenn dagegen beim Koreaner ein Bibimbap in einem Steintopf serviert wird, der so heiß ist, dass der Reis darin noch weiterbrutzelt; zu hören, wie auf der Skihütte der Germknödel leise seufzt, wenn man das erste Mal mit der Gabel hineinsticht, bei solchen Geräuschen bekomme ich auch ohne Hinsehen Appetit. Und ist nicht eigentlich bei Sekt und Champagner der Plopp des Korkens der ausschlaggebende Moment?

Am Herd ist die Geräuschkulisse noch viel reichhaltiger. Die Laute, die tanzende Zwiebelwürfel in der Pfanne machen. Ich kann das hören, was man mit »Anschwitzen« umschreibt. Der zischende Tusch, wenn ein Glas Weißwein in den Risottotopf fließt. Das Knistern auf der Crème brûlée, wenn der Zucker karamellisiert. Das Knacken, wenn sich in der Ofenhitze die Schwarte eines Schweinebauchs knusprig aufplustert. Für mich sind das Konzerte.

Und je mehr Töpfe auf dem Herd stehen und ich zwischen den verschiedensten Arbeiten hin und her wechsele, umso genauer höre ich hin, was um mich passiert. Dass die Zwiebeln gleich anbrennen, melden meine Ohren. Erst wenn sie angebrannt sind, kommt auch die Nase ins Spiel. Es ist jahrelange Übung. Meine Arbeitsplatte steht dem Herd gegenüber, und wenn ich schneide, wende ich Töpfen und Pfannen den Rücken zu. Das schult. Also kann ich das Knoblauchhacken im entscheidenden Moment unterbrechen und die Pfanne vom Herd ziehen, meistens wenigstens. Ich höre, wenn die Sahne in der Küchenmaschine anfängt, steif zu werden. Das Quirlen des Schneebesens klingt immer satter. Und wahrscheinlich sind das nur ein Zehntel der Geräusche, die mich bei der Arbeit lenken. Das Ohr ist mein siebter Sinn.

Nur meine Umgebung blende ich dann aus. Ich breche beim Rühren mitten im Satz ab, weil irgendwas nicht klingt, wie es soll, und finde die nächsten Minuten kein Wort mehr. Dann stecke ich im Tunnel. Aus dem holt mich keine Kochmusik hervor. Das Glas Wein wird eher schal oder Tränke für irgendwelche Fruchtfliegen, bevor es mir wieder auffällt. Vor ein paar Tagen stand ich sogar auf der Leitung, als mich bereits ein entnervendes Schrillen und ein panischer Hund aufschreckten, als ich die Steakpfanne ablöschte. Jetzt weiß ich, der Rauchmelder funktioniert.

Ich habe großen Respekt vor Köchen, die in

Restaurants hinter Glas oder direkt vor den Gästen arbeiten. Es ist ja was dran an den ganzen Geschichten über den atavistischen Umgangston in Restaurantküchen. Nimmt man die Mauern weg, müssen sich die Männer und Frauen in den weißen Jacken zivilisieren. Ich kenne einige, die schaffen das nicht und suchen sich einen Job in Kellerabteilen, in denen man sich zwischen Herd und Anrichte kaum drehen kann, die Luft steht und einen die Hitze irgendwann droht zu überwältigen. Hauptsache, der Gast ist auf Abstand und der Service dazwischen. Ich bin manchmal wirklich gern auch so asozial.

Klar, ich bin Mann, also auch alles andere als ein Multitasker. Und kaum jemand, der hoch konzentriert mit den Händen arbeiten muss, ist dabei besonders mitteilsam. Trotzdem hält sich die Beobachtung, dass es vor allem in Restaurantküchen besonders unzivilisiert zugeht. Reine Tradition?

Ich habe neulich etwas Interessantes über den Geschmackssinn gelesen. Eingehende Forschung dazu, was wirklich geschieht, wenn wir schmecken, existiert überraschenderweise erst seit ein paar Jahrzehnten. Aber die Wissenschaftler bestätigen: Wenn wir schmecken, sind viele Sinne beteiligt: Ohren, Nase, Zunge, und auch die Textur spielt eine wichtige Rolle, also wie sich Essen anfühlt. Und man hat auch neurologisch untersucht, wie das Gehirn diese Informationen verarbeitet. Es stellte sich heraus: All das wird erst einmal ins Stammhirn gesendet, den evolutionär ältesten Teil unseres Denkapparats, der auch viele unterbewusste Funktionen übernimmt. Was wir hingegen sehen oder hören, kommt viel schneller und ohne diesen Umweg in Hirnbereichen an, wo auch der Intellekt und unser Sprachzentrum sitzen. Das war ein Heureka-Moment für mich. Es ist nämlich nicht nur die Erklärung dafür, warum es Menschen oft so schwerfällt, Essen zu beschreiben und dafür mehr als das Wort »lecker« zu finden. Sondern auch dafür, warum wir so viel schneller auf das reagieren, was wir auf dem Teller oder im Glas vor uns sehen. Ausgesuchte Sprache ist, wenn der Geschmacksapparat arbeitet, offenbar nicht angelegt.

Ganz klar, sagte ich erst zu mir und dann zu meiner Lieblingsesserin: »Wenn ich koche, bin ich im Stammhirn-Modus.« Sie sagte darauf nur: »Da bin ich aber froh, dass du bisher keine Küchenmesser geworfen hast.«

Keine Ahnung, wie sie darauf kommt. Wenn

wir Gäste haben, bin ich inzwischen auch total zivilisiert. Aber ich achte darauf, dass das meiste fertig ist und nur noch angerichtet werden muss, wenn die Gäste da sind. Wir haben nämlich auch eine offene Küche.

»Hallo, noch jemand zu Hause?«, rufe ich und finde meine Lieblingsesserin im Schlafzimmer. Sie hat mit meiner Mutter telefoniert. »Ich habe sicher wieder zu laut geflucht«, sage ich reumütig. »Nein«, sagt meine Lieblingsesserin. »In deinem Stammhirn-Modus hörst du ja nicht mal das Telefon.«

Feuer

Ein Mann und sein Herd. Selten ist diese Verbindung so innig wie in einer Frühsommernacht um vier Uhr. Ich bin diesmal sogar vor dem Wecker aufgewacht, habe aber leider nicht daran gedacht, ihn auszuschalten.

Während aus dem Gartenhäuschen also leise seine Melodie dringt, lege ich Holz nach. Es ist höchste Zeit, die Glut in der Feuerkammer des Räucherofens ist am Abklingen. Ich öffne die Luftzufuhr weit und setze mich auf den Klappstuhl, um zu warten, dass der Nachtwind das Feuer wieder anfacht. Feiner Regen schimmert darauf, aber ich bin in einen Schlafsack eingewickelt.

Nach ein paar Minuten prasselt es laut, das Smartphone ist nicht mehr zu hören. Der ganze Ofen dampft, und ich wünsche mir einen großen Vollmond am Nachthimmel, der das eiserne Ungetüm in seiner rauchigen Wolke zum Strahlen bringt. Eine Taschenlampe tut es aber auch. Langsam bewegt sich auch die Nadel auf dem Thermometer, das die Temperatur in der Räucherkammer anzeigt. Bei 70 stand sie, gerade zittert sie auf die 100 zu. Viel heißer soll es nicht werden, also schließe ich die Luftklappe wieder.

Eine Viertelstunde werde ich noch beim Feuer bleiben, nachschüren, bis das Holz verkohlt ist und sich die Hitze stabilisiert hat. Man kann sonst böse Überraschungen erleben. Vielleicht dämmert es bis dahin schon. Ich habe mir eine große Thermoskanne mit Tee gemacht. Ich gieße mir ein, schiebe die Füße unter die schwarze Trommel, in der das Feuer brennt, und halte mein Gesicht in den Regen, der wie Tau aus der Luft sickert. Ich bin umgeben von dem würzigen, leicht speckigen Duft. Es gibt gerade nichts Gemütlicheres.

Hat man einen Garten, verändert sich das Verhältnis zum Kochen noch einmal entscheidend. Bei mir war das wenigstens so. Als ich mich auf die Suche nach einer Parzelle begab, war mein einziges Interesse, Gemüse anzubauen, vor allem solches, das ich selten fand. Cime di Rapa etwa, eine Art wilder Brokkoli, oder eine Rote Bete namens Chioggia. Sie ist im Inneren weiß-rot geringelt. Natürlich auch Tomaten. Nach den ersten Lehrjahren ist mein Interesse für exotische oder alte Sorten nicht mehr ganz so groß. Nicht etwa, weil sie schwieriger zu pflegen sind. Mir ist auch das gewöhnliche Gemüse wieder ans Herz gewachsen, wenn es aus meinem Garten stammt. Das Aroma einer Salatgurke oder des Kopfsalats ist intensiver. Ich bilde mir ein zu schmecken, wie ich die kleine Gurkenpflanze gepäppelt und den Salat vor den Schnecken verteidigt habe, wie ich das Beet mit Brennnesseljauche begossen, Kompost untergehakt und Unkraut gejätet habe. Na ja, wenigstens erinnere ich mich daran, wenn ich sie zubereite.

Und ganz ähnlich passiert es auch in meinem Räucherofen. Gerichte bekommen Geschichten.

24 Stunden müssen die Schweinenacken im Smoker – in Deutschland gern »Schmoaker« genannt – liegen. Am Abend soll es Pulled Pork, Krautsalat und selbst gebackenes Brot geben, viele Freunde werden kommen. Der Smoker ist eine kleine Lokomotive, zusammengeschweißt auf zwei flach liegenden Zylindern. In der kleinen Trommel brennt das Feuer, der Rauch, durchströmt den darübergesetzten großen Zylinder, auf dem Rost liegt das Räuchergut: Fleisch, Fisch,

Gemüse, sogar Obst und Kuchen kann man darin zubereiten. Am Ende sitzt ein Ofenrohr. Eigentlich eine einfache Konstruktion, aber wenn sie gut ist, über einen Zentner schwer. Das ist meiner Ansicht nach das Hauptkriteritum. Smoker aus dünnem Blech, die man im Baumarkt unter den Arm nehmen kann, halten die Hitze schlecht.

Der Räucherofen ist nicht nur etwas für Fleischesser, aber für die etwas ganz Besonderes. Als der Smoker, der ein bisschen aussieht, als hätte man eine umgekippte Öltonne auf Räder gesetzt, endlich im Garten stand, wollte ich mich natürlich auch so schnell wie möglich den drei Klassikern des American Barbecue widmen: Spareribs, Pulled Pork und Brisket, also Rippchen, gerupftes Schweinernes und Rinderbrust. Aber ungefähr eine Woche Zubereitungszeit, angefangen vom Einlegen des Fleischs in die Trockenmarinade, so lange konnte ich nicht warten. Seitdem ziehe ich Fisch oft vor, wenn ich den Smoker einheize. Man fängt zu einer zivilen Mittagszeit an und hat abends ein tolles Essen.

Echte Räuchermännchen aber – so nennt mich zu gegebenem Anlass meine Lieblingsesserin – sind sehr fleischfixiert. Man kann einen näheren

Blick auf diese Spezies in einem Internetforum namens grillsportverein.de werfen. Hat sich ein Mitglied einen neuen Grill oder Smoker angeschafft, wird ihm allseits zum neuen »Sportgerät« gratuliert. Das finde ich sympathisch. Es geht hier auch um einiges ironischer zu als beispielsweise in der Espresso-Community von kaffeenetz.de, die ebenfalls höchst männlich geprägt ist und sehr mit der Einstellung von Magnetventilen und der Instandhaltung ihrer chromblitzenden Lieblinge beschäftigt ist. Alles sehr detailistisch. Und daher gehört es unter Koffeinisten auch zum guten Ton, am Ende eines Posts eine Auflistung des eigenen Maschinenparks vom Espressokännchen über die Mühle bis zur mehrgruppigen Siebträgermaschine zu stellen. Man bekommt das Gefühl, hat man noch keine Investition von einigen Tausend Euro in Marken wie Bezzera, ECM oder Rocket getätigt, sollte man mit Fragen vorsichtig sein. Beim Grillsportverein dagegen wird einem auch zur Anschaffung eines 0815-Kugelgrills gratuliert.

Gegen das Smoken ist das maschinelle Espressobrühen exakte Wissenschaft. 15 bis 20 Sekunden soll es höchstens dauern, bis der Kaffee dickflüssig in der Tasse steht, darauf noch eine Haube mit Crema. Dafür muss alles vorbereitet und exakt eingestellt sein.

Beim Grillen und Smoken hingegen spielt Zeit keine so große Rolle. Im Vergleich zu vielem, was in der Küche abläuft, sind dies Tätigkeiten, die entschleunigen. Bereitet man darin Fleisch zu, zieht sich die ganze Angelegenheit sogar noch mehr in die Länge, was meiner Ansicht nach der Hauptgrund für die Entspanntheit der Grillsportler ist. Und natürlich ihre Fleischeslust.

Vor einigen Jahren habe ich mir lange überlegt, ob ich einen neuen Herd anschaffen soll. Der alte war betagt, der Ofen einfach nicht mehr sauber zu bekommen. Außerdem wollte ich mich mit Induktionsplatten beschenken. Bei Arthur hatte ich immer wieder darauf gekocht und war ein bisschen neidisch, wie schnell die Pfannen und Töpfe heiß werden. Lauter gute Gründe. Und doch fühlte ich mich, als ob ich eine alte Ehe aufgeben würde. Ziemlich mies, ich hatte ein schlechtes Gewissen. Denn über die Jahre hatte ich mich an all die Macken meines alten Herds gewöhnt. Die vordere linke Kochplatte wurde nicht mehr so richtig heiß, der Ofen brauchte seine Zeit, um auf Temperatur zu kommen. Und wenn ich den Knopf auf 200 Grad drehte, heizte er nur auf

170 Grad hoch, wie ich irgendwann mithilfe eines Ofenthermometers rausfand. Alles Eigenheiten, mit denen ich über die Jahre nicht nur umzugehen gelernt hatte, sondern für die ich meinen Herd auch irgendwie mochte. Stand im Rezept für einen Kuchen 190 Grad, drehte ich das Thermostat eben auf 210 Grad auf. Weil nur ich seine Geheimnisse kannte, war es eben mein Herd.

Ich finde, solche Eigenheiten unterscheiden ein Gerät von einer Maschine. Und mir war klar, auch der neue Herd würde mit der Zeit seine Macken entwickeln. Und das bedeutete wieder Wochen des Probierens und Experimentierens. Wollte ich das wirklich eingehen?

Am Ende wog das Induktionsargument am schwersten. Ich bereute es nicht. Als das Gerät angeschlossen war, setzte ich sofort eine Pfanne auf, ebenfalls neu und mit einem Kupferkern, das Metall ist ein hervorragender Hitzeleiter. Fünf Minuten später erwischte mich meine Lieblingsesserin, wie ich fasziniert die Zwiebelwürfel beobachtete, die mit leisem Zischen in der Pfanne tanzten und eine wunderschöne Bräunung bekamen. Ich war in den Flitterwochen. Die Liebe wuchs noch mehr, als ich am nächsten Tag entdeckte, dass der Ofen bei 175 Grad auf der Skala mindestens 200 Grad heiß wird. So neu und schon ein kleiner Anarch.

Geräte sind Dinge mit einem Eigenleben, einer großen Portion Unbestimmbarkeit. Man entwickelt im Handumdrehen eine Duzfreundschaft, sobald man dieses Eigenleben entdeckt und ein Auskommen damit findet, statt sich an der Austreibung zu versuchen. Auch mit dem Smoker verbindet mich eine solche Beziehung, der leise knackt und dampft, während ich daneben mit der Tasse Tee auf dem nassen Klappstuhl auf einen hellen Schatten im Nachthimmel warte. Es ist eine Zweisamkeit fast wie bei Mensch und Hund.

Auf diese Weise Fleisch zu garen, das drei Tage mit Lake oder einem Pulver aus Zucker, Salz und Gewürzen bedeckt war, es in den Rauch zu legen und zwölf Stunden oder sogar einen ganzen Tag geduldig zu warten, immer mal wieder ein paar Scheite nachzulegen, es auch in der Nacht so alle drei Stunden zu betrachten, das ist ein wenig wie für ein Baby zu sorgen, das gestillt werden will.

Das langsame Garen im Smoker verhält sich zum Grillen über offener Glut ungefähr so wie eine Genusswanderung zu einem Kurzstreckenlauf. Das, was man in Deutschland noch immer unter Barbecue versteht, ruft bei mir Bilder von schwitzenden Männern hervor, die mit irgendeiner Pappe die Glut anfachen, weil alles nicht schnell genug geht. Bilder von verkohlten und vertrockneten Würsten oder Steaks, von verbrannten Augenbrauen und von Hustenanfällen, wenn doch Wind aufkommt und immer aus der falschen Richtung weht.

Smoken hat viel mehr Ähnlichkeit mit der Sous-vide-Methode, bei der Fleisch oder auch Gemüse in Plastik vakuumiert über Stunden und Tage in ein präzise temperiertes Wasserbad getaucht wird. Beim Fleisch kommt dabei ein zartes, manchmal sogar pastöses, aber immer noch rosiges Ergebnis heraus. Man schmeckt die Zärtlichkeit, mit der die Hitze auf das Produkt eingewirkt hat. Kein Vergleich zum Grillen über offener Glut, bei dem das Fleisch außen fast verbrennt und innen gerade so gar wird.

Am Ende winkt ein Stück Fleisch, das butterweich auf der Zunge zergeht. Für den Genuss muss man sich beeilen und das Fleisch nicht zu lange liegen lassen. Aber nach so einer Nacht am Räucherofen habe ich den besten Appetit. Und genieße noch ein letztes Mal, wie sich die Sonne über den Horizont schiebt.